培养比成绩更重要的

# 非认知能力

［日］中山芳一·著
鲍忆涵·译

人民东方出版传媒
东方出版社

图字：01-2020-4531

Extending a Child's Potential Through Non Cognitive Skills
Copyright © 2018 by Yoshikazu Nakayama, Tokyo Shoseki Co., Ltd.
All rights reserved.
Originally published in Japan in 2018 by Tokyo Shoseki Co., Ltd.
Chinese (in simplified characters only) translation rights arranged with Tokyo Shoseki Co., Ltd.
through Qiantaiyang Cultural Development (Beijing) Co., Ltd., Beijing.

**图书在版编目（CIP）数据**

培养比成绩更重要的非认知能力／（日）中山芳一著；鲍忆涵译.
—北京：东方出版社，2021.12
ISBN 978-7-5207-2397-8

Ⅰ.①培… Ⅱ.①中…②鲍… Ⅲ.①儿童教育－研究－日本 Ⅳ.① G61

中国版本图书馆 CIP 数据核字（2021）第 191677 号

**培养比成绩更重要的非认知能力**
（PEIYANG BI CHENGJI GENG ZHONGYAO DE FEI RENZHI NENGLI）
[日] 中山芳一 / 著　鲍忆涵 / 译

| 策　　划： | 鲁艳芳 |
|---|---|
| 责任编辑： | 黎民子　王晶晶 |
| 出　　版： | 东方出版社 |
| 发　　行： | 人民东方出版传媒有限公司 |
| 地　　址： | 北京市西城区北三环中路 6 号 |
| 邮政编码： | 100120 |
| 印　　刷： | 北京联兴盛业印刷股份有限公司 |
| 版　　次： | 2021 年 12 月第 1 版 |
| 印　　次： | 2021 年 12 月北京第 1 次印刷 |
| 开　　本： | 880 毫米 ×1230 毫米　1/32 |
| 印　　张： | 6.5 |
| 字　　数： | 120 千字 |
| 书　　号： | ISBN 978-7-5207-2397-8 |
| 定　　价： | 49.80 元 |

发行电话：（010）85924663　85924644　85924641

版权所有，违者必究
如有印装质量问题，请拨打电话：（010）85924725

# 序

我出生于1976年1月,比在第二次婴儿潮时期出生的一代(团块世代)晚了几十年。在我出生的那个年代,儿童人口还很多,距少子化还十分遥远。在那个年代,入学考试竞争日益激烈,甚至诞生了"应考大战"这一词。

在我的小学、中学时代,常能听到周围的人在谈论"某某真聪明"。那时,我常觉得他们所说的"聪明"不是真正意义上的"聪明",而是"会学习"或是"考试成绩好"的意思……当时我虽然还只是个孩子,但我依旧坚信,一个人聪明与否决不取决于是否擅长学习或考试。虽然对于从那时起成绩就不好的我来说,这听起来有点像在为自己辩解。

那么,"聪明"究竟指什么呢?比如,能够从众多信息中提取出必要信息(信息选择能力),有条理地对此进行思考(逻辑思考能力),并能简单易懂地将其传达给他人(传达能力);比如,能够从不同的角度去理解大多数人一直确信的事物(多维思考能力),作出恰当的判断(判断能力);比如,能够从现有事物中发现问题(问题发现能力)、构思解决问题的对策(问题解决能力)

并将其付诸实际行动（行动力）；比如，能够改造现有事物、创造全新的事物（创造力）。在现代，这些也都是"聪明"的表现，并且越来越受到人们的关注。

但是，在我还是孩子的时候，学校教育并没有给我通过测试来衡量这些能力的机会。因此，学校虽然也会对孩子"聪明与否"进行评价，但其依据往往是孩子在对知识吸收程度进行检测的测试中得分的高低。

说到学校教育，顺便提一句，2008年，日本文部科学省发布的《学习指导纲要》明确指出"生存能力"包括"思考力、判断力、表现力"；10年后，也就是2018年，《学习指导纲要》又将"向学力、品格"纳入了"生存能力"的范畴。显然，与我的小学、中学时代所不同的要素已被纳入所谓的生存能力、学习能力的范畴，我们开始追求更广泛地理解"聪明"的内涵。

刚才我已经"比如比如"地列举了很多种能力。除此之外，在与他人进行沟通的同时，还需要有与他人合作、协作的能力（社会性）；对自己有信心，坚持不懈地提升自己的能力（上进心）；想令他人幸福、让社会变得更美好的能力（贡献心）……这些无法简单地凭测试得分来衡量的能力就是所谓的"非认知能力"，之后我会对此进行详细说明。

如今，很多国家已开始要求学校教育注重培养这种难以用分数来衡量的非认知能力。这让我觉得，如今社会对"聪明"的定义已逐渐转变为我小时候所理解的那种笼统的"聪明"，而不是当时大多数人所理解的那种"聪明"。

如果这样的话，那像我这个年纪的父母、老师，还有参与儿童教育的大人们，就不得不摆脱以往经验的束缚，改变我们对能力的理解方式。这是因为，如今我们希望孩子所具备的能力以及希望从孩子身上挖掘出来的能力正在发生着巨大的变化……此书为今后的孩子们所作，希望能够"唤醒"各位大人。在此书中，我将以刚才所说的非认知能力为主线，解答一系列问题，比如非认知能力究竟是怎样一种能力？如今，这种能力为何如此备受重视？要怎么做才能把这种能力挖掘出来？

很幸运，已经有许多人为帮助孩子挖掘出非认知能力而在"孩子的空间"进行了各种各样的实践。本书也会对这些实践者所面临的挑战进行相关介绍。希望本书能对未来的儿童教育、儿童福利等有所帮助。

2018 年 11 月

中山芳一

# 目录 >>>

**第一章　你知道非认知能力吗？**..................001

　　1　非认知能力..................................005
　　2　未来时代所需的非认知能力..................011
　　3　在教育、保育场所中的非认知能力............017
　　4　再谈非认知能力..............................024

**第二章　孩子的教育和非认知能力**..................027

　　1　对"发展"的理解方式........................031
　　2　"发展"的横轴与纵轴........................035
　　3　儿童期的身体发展倾向以及特征..............039
　　4　儿童期智力、语言发展的倾向和特征..........046
　　5　儿童期精神、社会性发展的倾向和特征........052
　　6　非认知能力的培养方式需因发展阶段而异......057

## 第三章　非认知能力的成长方式和培养方式..............063

1　从体验到经验、再到学习.....................................067
2　日常生活中的体验、经验以及学习.........................073
3　再谈非认知能力................................................078
4　养成内省的习惯有利于提高非认知能力...................087
5　大人与孩子的相处之道.......................................092

## 第四章　培养非认知能力的实例——大人的挑战——099

1　在放学后的住处和学习场所培养非认知能力
　　——幼儿园和小学（放学后儿童社团）的挑战..........102
2　从书法教学对姿势的重视，看非认知能力的培养
　　———某书法家的挑战！"足肘身线项目"................117
3　为培养非认知能力而进行的全新开发
　　——菅公学生校服的挑战！"菅公NCS项目"...........128
4　学校与地区合力共同培养非认知能力
　　——岛根县益田市教育委员会的挑战！
　　　"MASPORT（益护照）"..................................142
5　通过"内省的量×质"来培养"元认知能力"
　　——Learn-s（学习社）的挑战！"现在—未来
　　　手账"........................................................152

## 第五章　成年人也需要培养非认知能力！ ................. 163

1 首先从即将参加工作的学生时代开始 .......................... 167
2 成年人更能拓宽体验与角色的广度 ............................. 174
3 成年人能为孩子们做的事 ............................................ 182

第一章 >>>
# 你知道非认知能力吗？

 **指南**

"调皮捣蛋也无所谓,只愿你能茁壮成长。"

这是 20 世纪 70 年代丸大火腿(丸大食品股份有限公司)的广告语。即使是在 40 多年前,这样的广告语也有着特殊的含义。

若硬要对这句广告进行拆解,那大概是这样的吧:

①"调皮捣蛋也无所谓"="不聪明也无所谓";

②"只愿你能茁壮成长"="只愿你能掌握好好生存下去的能力"。

从这句广告词中,我们可以得知,从那时起,希望孩子们拥有②中所提到的能力,就已经成为一种潮流。但是,我们很难界定像②所指的"茁壮成长"这样的能力究竟是什么。拥有什么样的能力才能够"茁壮成长"呢?是指(身体层面的)健康吗?是指(精神层面的)自立吗?对"茁壮成长"的认知大概是因人而异的吧。

若我们对"茁壮成长"的认知各异,那自然就很难得知该如何去培养这种能力。也就是说,很难用"分数"的形式将这种能力体现出来。我们对其的认知本就不同,那就更难制定相应的

"评分"标准了。举个例子,"能认多少汉字?""能答对几道二位数乘法?"……像这样的问题,能让我们对语言能力、计算能力有着清晰的认知,也很清楚衡量其高低的标准,因此,用分数来衡量孩子对这些能力的掌握程度是件很容易的事情。但这类能力和之前提到的能力大不相同,这两者不是同一类别的能力。

至于之前提到的那类能力,不同的人对其的认知不同,相应地,对衡量其高低的标准也各持己见。于是,我们逐渐将这类能力称为"非认知能力",本书的书名中用的也是"非认知能力"一词。与此对应,我们将能够轻松地用分数来衡量的能力称为"认知能力",对这类能力的认知以及衡量标准几乎所有人都是一致的。在本章指南中,我想用更通俗的话来解释"认知能力""非认知能力"这两个词。

"非认知能力"是一种难以用分数衡量的能力,因此我称其为"难衡量的能力";与之相反,"认知能力"则是容易用分数衡量的能力,那么我就称其为"易衡量的能力"。这样一来,就可以整理成表 1-1 这种形式了。

表 1-1:难衡量的能力和易衡量的能力

| 难衡量的能力 | 非认知能力 | 难以用分数(数值)衡量的能力 |
| --- | --- | --- |
| 易衡量的能力 | 认知能力 | 容易用分数(数值)衡量的能力 |

那么,这种难衡量的能力究竟包括哪些能力呢?我先介绍几个公认的具有代表性的例子吧。

○沟通能力（和他人交流的能力）
○同理心、共情性（换位思考的能力）
○忍耐力（忍耐的能力）
○自信心、自尊心（认为自己有价值的能力）
○进取心（积极努力的能力）
……

在与他人的相处中所必需的能力，在与地域社会的互动关系中所必需的能力，以及产生于内部（感情、进取心、理解事物的方法、自信等）的、想要提升自己的能力，这些都属于难衡量的能力。他人、社会乃至我们自己都是在不断变化的，所以在与他人、社会乃至我们自己相处的过程中所需要的能力，也是在不断变化的。正因为如此，这些能力才难以凭固定的印象和标准来衡量。顺便提一句，也有专家称这种能力为"社交和情感技能"。

此外，也有人称这种难衡量的能力为"新能力"。虽然通常认为这种能力是 21 世纪这一特定的时代所需要的能力，但正如前面已提到的那样，早在丸大火腿的电视广告中便出现了类似概念，实际上这种能力并不是因为进入 21 世纪才开始被需要的。因此，在这里我们不称这种能力是"新"能力，还是简单地称其为"难衡量"的能力。

但是，我们也有必要知道为什么有人称这种能力为"新能力"，这或许与今后时代的巨大变化也有关系。

那么，下面我就来和大家分享一下与这种能力相关的事情。

# ❶ 非认知能力

## （1）什么是非认知能力

获得 2000 年诺贝尔经济学奖的詹姆斯·赫克曼（芝加哥大学经济学教授，著名经济学家）首次提出了"非认知能力"这一概念。他研究了在美国密歇根州的佩里幼儿园实施的学前教育计划。这个项目本身是由美国的儿童心理学家韦卡特等人以来自低收入家庭的幼儿为对象实施的项目，但是赫克曼则对参与此项目和未参与此项目的幼儿进行了追踪调查，一直到他们成年（实际上持续追踪到他们 40 岁），甚至对他们的收入、学历、犯罪率也进行了调查。

于是，赫克曼从两组幼儿的比较结果中得出结论：参与项目的幼儿，成年后的年收入更多、学历更高、犯罪率也更低。赫克曼认为其原因并不在于 IQ（智商）的高低，而在于幼儿在参与项目中所掌握的难以用数值表现的能力，即非认知能力的获得以及提高。顺便提一句，由于赫克曼是经济学家，他最后还通过研究佩里学前教育计划，指出纳税人口增加会使监狱等相关费用减少这一经济效果的有效性。

此后，由赫克曼提出的"非认知能力"这一概念备受美国等众多发达国家的关注。我们通过"非认知能力"或"非认知性能力"这一概念明白了其重要性，逐渐将其运用到保育、教育等领域。非认知能力是难以认知的能力，即难以通过设计测试等形式以分数、数值的形式呈现出来的能力。比如，和他人沟通、协作的能力，有勇气迎接挑战、努力拼搏的能力，控制自己的情绪、忍耐、坚持的能力等。另一方面，容易用分数、数值呈现的IQ、知识量、活用知识的能力等则被称为"认知能力"或"认知性能力"。

像这样，除了是否容易用分数、数值来评判认知与否这一层差异，"认知"和"非认知"还有另一层差异，那就是认知能力侧重于理性方面，而非认知能力则更侧重于情感层面。之后我会对此进行具体介绍，其实有人主张可以把非认知能力看作一种"社交和情感技能"。若这样理解非认知能力，那么可以说，非认知能力是为各个时期的状况、环境、此前的经历、自己的内在（感情等）所左右的能力，即外界语境依赖能力（在多种要素互相关联、影响的情况下发挥出来的能力）。也就是说，"非认知"包含两层意义：难以用数值表现的"非认知"和依赖外界语境的"非认知"。

于是，我们便可以明白这两者的关系：正因为在情感上依赖外界语境，所以才难以将其用数值表现。

## （2）早已存在的非认知能力

现在我们对非认知能力有了以上理解，那么自然也就明白为什么难以将其定义为一个以前没有的"新能力"。比如，表1-2所示，日本一直在提倡"人格能力"等非认知性（难以将其用数值表现出来且依赖外界语境）能力的重要性，各相关部门也一直在提倡各种各样的能力。那么，究竟哪个才是真正的非认知能力呢？不夸张地说，我认为这些都是非认知能力。

表1-2：一直以来日本政府提倡的各种能力

| 名称 | 项目单位 | 出处 | 年份 |
| --- | --- | --- | --- |
| 生存能力 | 文部省（当时） | 中央教育审议会《关于展望21世纪我国教育状况——赋予孩子"生存能力"和"空间"》 | 1996 |
| 人格力 | 内阁府 | 经济财政咨询会议《人格力战略研究会报告书》 | 2003 |
| 就业基础能力 | 厚生劳动省 | 《为使年轻人掌握就业基础能力的目标策划制定委员会报告书》 | 2004 |
| 社会人基础能力 | 经济产业省 | 关于社会人基础能力的研究会"中期汇总" | 2006 |
| 基础通用能力 | 文部科学省 | 中央教育审议会报告《关于今后学校的事业教育、职业教育状况》 | 2011 |

## （3）在世界上也备受瞩目的非认知能力

接下来，我们看看世界上的情况。2015年，由包括美国、日本在内的 35 个国家组成的 OECD（经济合作与发展组织）已经开始提倡"社交和情感技能（Social and Emotional Skills）"。图 1-1 由倍乐生（Benesse）综合教育研究所翻译，从中我们可以了解到，社交和情感技能是"①达成目标的能力、②与他人协同合作的能力、③调节情绪的能力"这三种能力的总称。

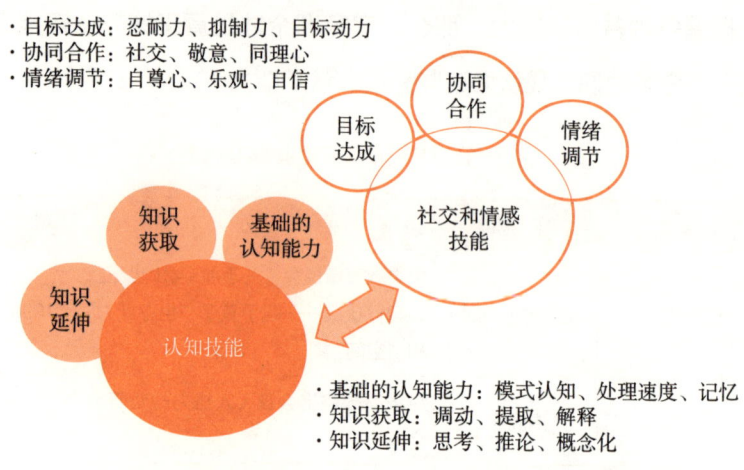

图 1-1：OECD 搭建的社交和情感技能同认知技能的框架

出处：《社交和情感技能》，OECD 著，
倍乐生综合教育研究所企划制作，明石书店 2018

此外，OECD 还指出，随着社交和情感技能的提高，表现为习得、输出知识的认知技能也会相应得到提高。如果像之前所说的那样，"非认知能力≈社交和情感技能"，那么掌握、提高非认知能力便能促进认知能力的获得与提升。

顺便提一下，OECD 是在心理学领域频繁使用的"性格特征 BIG5"的基础上研究社交和情感技能的。这个"性格特征 BIG5"也极大地影响了美国学校教育一直在进行的"品格教育"项目。

另外，美国的学校教育也致力于以培养学生责任感、同理心为目的的"社交和情感学习（Social and Emotional Learning）"。美国为预防青少年违法犯罪，于 20 世纪 90 年代起开始引入这些项目。美国的这些项目大致类似于其他国家学校教育科目中的道德教育。了解这些以后，我们能更明确，非认知能力绝不是以前没有的新能力。

接着，让我们来聚焦各研究领域吧。首先，是彼得·沙洛维和约翰·梅耶一起进行的"EQ（Emotional Intelligence Quotient）"研究，他们将了解并管控自身情感的能力定义为"心理能力指数"。其次，是提出灵活思维模式造就成功人生的卡罗尔·德韦克进行的"（成长型）思维模式"研究。接着，是沃尔特·米歇尔的"棉花糖实验"，他指出幼儿时期的自控能力影响今后的人生。此外，有提出毅力（能够坚持不懈地致力于一件事的能力）重要性的安吉拉·杜克沃斯有关"坚毅"的研究；还有约翰·克虏伯所进行的"有计划的偶发性理论"研究，他提出具有"好奇心、持续性、灵活、乐观、冒险心"便能有计划地设计 80% 无法预料到的人生偶然事件。这些都是具有代表性的有关非认知能力的研究。正如之前所说的，不仅日本如此，各国际组织、各国学校教育以及教育学、心理学领域也早就开始关注非认知能力，并且积极进行相关的研究活动了。

## （4）非认知能力为何在当代备受关注？

那么，为何非认知能力在当代如此备受瞩目呢？对于像日本这样把高认知能力的孩子定位为"聪明的孩子"，对认知能力抱有过高期待的唯学历社会来说，非认知能力处于其对立面。

但是，正如 OECD 所提倡的，不能像原来那样，将认知能力与非认知能力（社交和情感技能）放在相互对立的位置上，而应让二者处于相互作用的关系之中。因此，在当代，除了能够用数值客观地体现其成长、变化的认知能力，人们也开始切实地注意到难以凭数值客观地体现其成长、变化的非认知能力的重要性。

前面我们提到，此前，人们一直从各种各样的角度出发来提倡非认知能力。但我们需要明白一点，那就是，非认知能力在现代如此备受世界瞩目，不仅是出于如美国学校的防止青少年违法犯罪教育这样的考虑，更是因为人们对未来的时代有了更清醒的认识。对，在"未来的时代"……

## ❷ 未来时代所需的非认知能力

### （1）1/4 个世纪前和 1/4 个世纪后

  大约 25 年前，我还是一名大学生。那时我们人手一个 BP 机。外出时，为给某人发条信息，我们需要去公共电话亭，插入电话卡给 BP 机中心打电话。

  比如说，如果我们想给恋人发一条"我爱你"的短信，我们需要输入"11（a）、12（i）、32（shi）、44（te）、93（ru）"[①]。在当时，这种将五十音图的元音和辅音用数字组合表达出来的方法是极好的。但是，在现代，大部分人都不会用这种方法了吧。况且，在外出时找到公共电话亭更是难上加难。

  现代的我们有智能手机，甚至人手一台手掌般大小、能够上网的平板电脑。当年的我怎么也想不到 25 年后会是这样一般景象，因此毕业时得到一部黑白屏翻盖手机后，我万分欣喜于它给我带来的便利。

  如今十八九岁的大学生们长到我这个年纪也是 25 年之后的事情了。那时大概是 2046 年。他们 40 多岁时，手中拿着的智能手

---

① 译者注：日语"我爱你"是"あいしてる"，罗马音读作"a i shi te ru"。

机的下一代又会是什么样的呢？哦不，或许都不用拿在手上了。

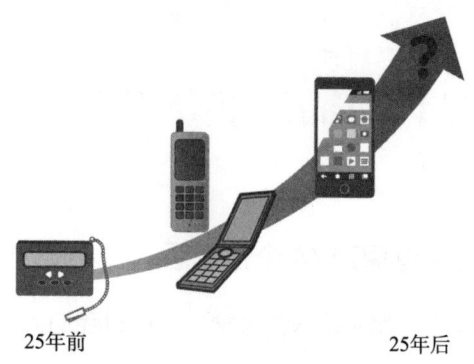

25年前　　　　　　　　　　25年后

2046年啊……据预测，由于人工智能（AI）等科学技术实现飞跃式创新，世界将在2046年迎来"技术奇点"。也有人认为，技术奇点会早于2046年来临。那时，人工智能、IoT（物联网）等将渗透到我们的工作、生活中，同时，我们也将切实享受到这些技术带来的好处。

此外，其实我们的工作方式也已经开始发生变化了。只要有网络，在哪儿都能工作的人被称为"数字游牧民"，而这类人获得这一称呼也将近有10年了。就连在学校，除了E-learning（在线学习），大家还开始研究、开创充分运用ICT（信息通信技术）的教育方法。

近年来，"被AI抢走工作的时代"这种危机感愈演愈烈。这样的"未来时代"便是克劳斯·施瓦布所说的，继第三次产业革命之后"第四次产业革命（下页图1-2）"淋漓尽致的体现。同样的，这也是日本内阁所提出的继狩猎社会、农耕社会、工业社会、信息社会之后第五个新社会"5.0 社会（下页图 1-3）"的体现。

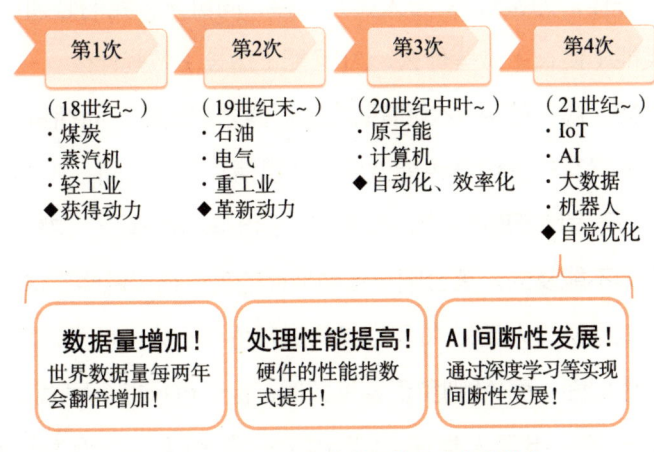

图 1-2：第一次产业革命至第四次产业革命

| 1.0 | ·狩猎社会 |
| --- | --- |
| 2.0 | ·农耕社会 |
| 3.0 | ·工业社会 |
| 4.0 | ·信息社会 |
| 5.0 | ·新社会 |

图 1-3：5.0 社会

（图 1-2、图 1-3 均是基于日本经济产业省以及内阁的数据制成的）

## （2）与人工智能（AI）共生存、同协作

关于"被 AI 抢走工作的时代"，我们来看看落合阳一提出的观

点吧。他对于 AI 的发展并不持消极态度，而是持积极态度，他不认为人们的工作会被 AI 抢走，相反，他觉得 AI 与人类能够共生存、同协作。为实现 AI 与人类共生存、同协作，我们必须切实掌握人类能（擅长）做些什么、AI 又能（擅长）做些什么。

比如，虚拟的 AI 必须借助机器仪器才能运转，而拥有肉身的人类即使没有机器仪器也能做成许多事情；另一方面，AI 能够 24 小时准确无误地管理各种情况、信息，给出客观的指令，这种能力是许多人远不能及的。落合阳一借助现存的就业结构说明了这点。

也就是说，人类和 AI 可以这样进行协作：人类负责现场实践、实际工作层面，而 AI 则负责管理数据、提供可行指令层面。此外，落合阳一还提出了人类在"创造层面"的作用：正因为是人类，所以会想让某人获得幸福，会想让这个世界变得更好……正因为人类能够产生这样的意愿，所以能够为此发挥出创造力。AI 的确可以通过组合不同的知识而产出新知识（深度学习），但是刚才提到的那种意愿和创造力可以说是人类的"专利"吧。

既然说到了"创造层面"，那也说一下有关"全球化层面"的内容吧。全球化并不是指掌握几门外语，而是体现出，只有人类才能够产生"想再多学一点"的意愿，对学习其他人或者国家抱有谦卑之心。

此外，人类由于具有了"想与他人建立联系"的意愿并协调合作，才开创了新世界，拓展了人与人的关系，这才是全球化的本质。如果我们人类在"全球化层面"发挥出了相应的作用，那

第一章 你知道非认知能力吗？

我们就能形成如图 1-4 所示的协作体系。并且，若我们能够形成这一体系，那此前负责管理、发出指令层面工作的人们，就能"让贤"于 AI 了。

这样一来，人类便能够更全身心地去思考解决全球变暖等问题并付诸实践了。

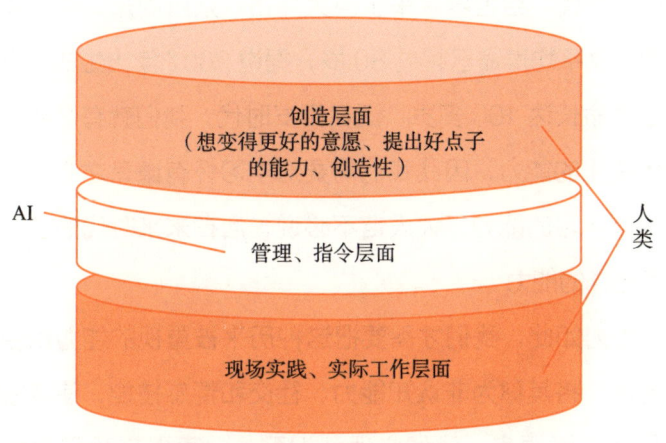

图 1-4：人类和 AI 共同构成的协作体系

这样一来，我们就能清楚地认识到，历来受重视的偏知识式教育、唯学历社会，无法应对未来时代交给人类的"新任务"。

据推断，最多再过 25 年，人类和 AI 便会处于这样的协作体系中。为此，人们开始呼吁一个新时代：一个重视效率而不是工作时长的时代，一个依能力和业绩"论功"而不是年功序列制、终身雇佣制的时代。

因此，现在的孩子（包括大人）必须掌握、提高相关能力以

· 015 ·

适应今后自主、自觉开辟事业的需要。

## （3）"百岁时代"

说到未来时代，那决不能漏了"百岁时代"。琳达·格拉顿和安德鲁·斯科特在《Life Shift——百岁时代的人生攻略》中提出的"百岁时代"给世界带来了巨大冲击。众所周知，现在有很多国家的男女平均寿命已超过 80 岁，据说 2007 年出生的孩子，将有半数寿命长达 100 多岁。活在百岁时代，我们就有必要具备应对时代变化的能力，因此我们需要对学习怀有谦卑之心，掌握并提高不断学习的能力。大人自不必说，活在未来时代的孩子更需要具备这样的能力。

正因为如此，我们才需要把这种历来被重视的能力用合理的语言阐述，将其称为非认知能力、社交和情感技能，使其慢慢变为我们的共通语言。我们必须认识到，一直以来我们想象中的"未来"并不是存在于动画片、漫画中，而是真真切切地存在于我们眼前的现实之中。

随着世界的变化，社会会发生变化，人的作用也会发生变化，相应地，人类所需要具备的能力也会发生变化，因而旨在培养这些能力的教育也必须发生变化。今后的时代，已不是为让孩子上名校而倾全力提高认知能力的时代，自然也不是长大成人、进入一流企业并工作到退休便是"优胜者"的时代。大人必须首先转变观念。

# ❸ 在教育、保育场所中的非认知能力

## （1）21世纪学习者的需求

纵观未来时代，除了认知能力，我们还需要掌握并提高非认知能力。因此，非认知能力虽不是"新能力"，却逐渐开始受到世界各国的关注。

那么，在这样的背景下，我们的教育该何去何从呢？附带说一下，有别于刚才介绍过的OECD，美国有一个名为CCR（Center for Curriculum Redesign）的国际组织。该组织旨在通过重构21世纪幼儿园到高校的教育标准，达到拓展个人和集体综合能力的目的。该组织认为，即将迎来第四次产业革命以及奇点的未来时代有不稳定性（Volatility）、不确定性（Uncertainty），是复杂（Complexity）、模糊（Ambiguity）的时代，并借用Volatility、Uncertainty、Complexity、Ambiguity这四个英文单词的首字母，称未来时代为"VUCA（乌卡）时代"。该组织于2015年提出"四维教育"，认为"进军"VUCA时代的学习者需具备包括非认知能力在内的四方面素养（如图1-5所示）。

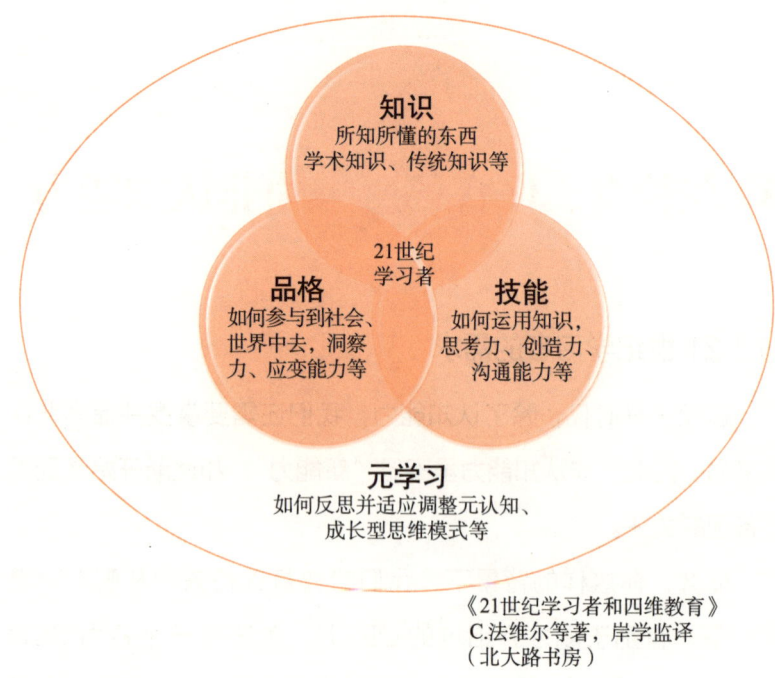

《21世纪学习者和四维教育》
C.法维尔等著，岸学监译
（北大路书房）

**图 1-5：CCR 提出的四维教育**

"四维教育"指出，除了提高获得并运用知识的能力以外，学习者还需具备想为社会做出相应贡献的品格。另外，"四维教育"还委婉地指出了元学习（第四个维度）有助于增长知识、提高技能、提升品格。元学习能帮助我们从整体出发认识自己以及周围的情况等，从而使我们能根据不同的情况来调整自己的言行举止等。我会在第三章对元学习的相关内容进行具体介绍。至于另外的三个维度，从图 1-6 中我们便能得知，其与日本 2017 年公布的《学习指导纲要》有极大的重合之处。

第一章 你知道非认知能力吗？

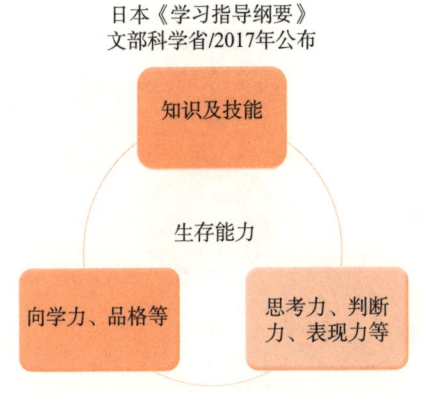

图1-6：日本《学习指导纲要》中的生存能力

也就是说，正如CCR所倡导的那般，为使孩子具备在未来时代"存活"下去的能力，我们的学校教育也开始转变为既注重认知能力，又致力于提高孩子非认知能力。

在该《学习指导纲要》中，生存能力由三要素构成，那其中的哪一要素称得上是非认知能力呢？我将这三要素放进了一个坐标中，如图1-7所示。这样一来，我们就能发现右上方的"向学力、品格等"难以用数值衡量，是具有外界语境依赖特性的非认知能力。换句话说，我们甚至能够认为其类似于前面OECD所提出的社交和情感技能。

此外，左下方的"知识及技能"容易用数值衡量，是不依赖外界语境的（非外界语境依赖）认知能力。而中间的"思考力、判断力、表现力等"这些思考方面的能力，则大致处于能够用数值衡量、难以用数值衡量这两项指标中间的位置。

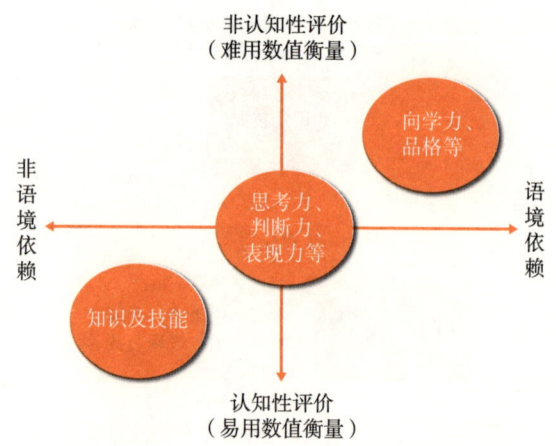

图 1-7：从认知-非认知的角度审视生存能力三要素的关系

## （2）教育状况也将改变

总之，在这样的大方向下，我们可以推测，今后的入学考试将全面对非认知能力进行考核。现在，已经有不少入学考试在对孩子的非认知能力进行考核了。

考试中论述式问题的增加，小组讨论、演讲、面试等形式的引进都是非常典型的例子。在一些入学考试中，已出现仅凭以往知识输入型的学习难以应对的"障碍"。这些考试通过这种方式，来考核孩子包括非认知能力在内的各项能力。因此，此前被称为主动学习的"自发式、对话式深度学习"开始被引入学校教育。另外，越来越多的学校，在积极引入被称为问题式学习（PBL）、服务性学习的启发式（问题解决式）教学、协作式教学模式。

## （3）同样期待今后的职业生涯教育

学校教育还在努力加强职业生涯教育方面的工作。从 2011 年起，日本很多大学、短期大学等高等教育机构开始肩负进行职业生涯教育的义务。与此同时，在同职业生涯教育相区分的基础上，学校教育不仅注重中学职业体验学习等职业体验教育，还很重视有关人生、生存方式的终身职业教育。

2018 年，日本不仅实现了将职业生涯教育贯穿于各教学科目目标中并进行授课，还通过引入记录了包括课外活动在内的各项活动的"职业生涯达标卡"，明确表态将继续加强职业生涯教育。学校这些举措是想通过职业生涯教育，让孩子掌握、提高在社会就业层面实现独立所必需的基础能力（如下图 1-8 所示），也就是

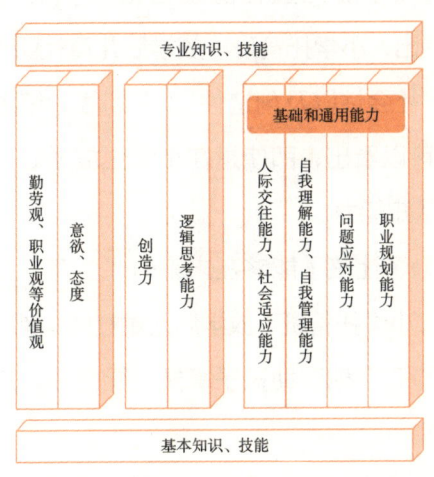

图 1-8：想让孩子通过职业生涯教育掌握的能力

出处：日本文部科学省中央教育审议会报告（2011 年）

"基础和通用能力"，而这种能力也属于非认知能力的范畴。因此，可以说在当今时代背景下，加强职业生涯教育是一种必然。

## （4）幼儿教育机构本就在培养非认知能力

在幼儿教育领域，非认知能力、社交和情感技能也备受关注。后页方框中的内容摘自《幼儿教育机构保育指南》（日本厚生劳动省，2018年）。画了下划线的部分（下划线为笔者所加）揭示了掌握非认知能力的重要性。在幼儿教育的五个领域（健康、人际关系、环境、语言、表现）中，本就包含人际关系等领域，因此，可以说幼儿教育机构先于学校教育一步，早就开始致力于让孩子掌握、提高非认知能力（社交和情感技能）了。

同样的，《放学后儿童社团运营指南》（日本厚生劳动省，2015年）也提出，小学托管班（放学后儿童社团）要把帮助孩子"提高自主性、社会性以及创造性"（下划线为笔者所加）作为基本准则。从中可以看出，即使是在小学生放学后，我们也需要帮助孩子提高非认知能力。

像这样，为了让孩子能够在未来时代生存下去，我们的学校教育、幼儿园、小学托管班（放学后儿童社团）都已认识到非认知能力的重要性，正在朝帮助孩子掌握、提高非认知能力的方向努力着。

## 【幼儿教育机构保育指南　第1章　总则】（节选）

一、有关保育所保育的基本原则

2.保育的目标

（1）品格形成期是孩子一生中非常重要的时期。而在这个时期，孩子大半的时间都是在保育所度过的。因此，为培养孩子活好当下，开创未来的基础能力，保育所必须完成以下目标。

a.在保育工作做到位的前提下，在轻松愉快的氛围中满足孩子各种各样的需求，让孩子充满活力、情绪稳定。

b.让孩子形成健康、安全的生活所需要的习惯和态度，培养孩子成为身心健康的人。

c.让孩子在与人相处的过程中能够关爱、信任他人，珍惜人权，拥有自主、自立以及合作的态度，培养孩子的道德感。

d.让孩子对生命、自然以及社会现象产生兴趣并能够针对这些现象作出感悟、进行思考。

e.让孩子对生活中的语言感兴趣，使其具备丰富的语言，能够去说、去听、去理解他人说的话。

f.通过各式各样的体验，培养孩子丰富的感性、表现能力以及创造力。

## 【放学后儿童社团运营指南　第一章　总则】（节选）

三、放学后儿童社团助力孩子培养的基准

1.放学后儿童社团助力孩子培养

放学后儿童社团是一个能让孩子安心度日的场所，是以培养健全人格的孩子为目的的。为此，放学后儿童社团需要努力营造最适合孩子的环境，做到既保护孩子的安全，又培养孩子能够独自回避危险的能力。另外，为使孩子能够进行适合自己发展阶段的娱乐活动、生存活动，放学后儿童社团还需要帮助孩子提高自主性、社会性以及创造性，帮助孩子确立起基本的生活习惯等。

## ❹ 再谈非认知能力

在第一章的最后,我再来对非认知能力做些补充吧。在本章开头我向大家解释了有人称非认知能力为"非认知能力",而有的人则称其为"非认知性能力"。此外,我还介绍了 OECD 将非认知能力定位为"社交和情感技能"的相关情况。不同的人、不同的组织对非认知能力有不同的称呼,对其定位也不同。不仅如此,对"认知""非认知"的界定也都很模糊,或许可以说非认知能力是一种"模糊的能力"。非认知能力难以用数值体现(难以衡量),并且易于因情况、外界语境等不同而不同,与自身的情感、意愿紧密相关,是一种易受到人际关系影响的能力。

本书书名所使用的"非认知能力"一词,作为此前介绍过的各项能力的总称。前面也提到过,非认知能力就算在重知识时代也依旧被视为是人所需要具备的重要能力。

未来时代更需要非认知能力,因此诞生了非认知能力这一共通语言。希望大家能对此有所了解。

## 第一章　总结

- 如今，难以通过测试等衡量的"非认知能力"这个词备受瞩目。与此相对，能够通过测试等衡量的能力则被称为"认知能力"。但我们需要做的并不是二选一、仅提高其中一种能力，是要让这两种能力都得到提升。

- 在这样的背景之下，为迎接未来时代，人们越来越关心提高"非认知能力"方面的事项。

- 如今的时代、未来的时代已被套上第四次产业革命、5.0社会、VUCA时代等"头衔"。在这样的时代，人们开始探讨如何和人工智能（AI）等一起共存、合作，为此也有必要提高"非认知能力"。

- 实际上，幼儿园、学校教育也都明确提出，要为提高孩子的"非认知能力"而努力，也开始讨论如何在入学考试中锻炼、提高孩子的非认知能力。

- 非认知能力绝不是前所未有的新能力。只不过在未来时代，非认知能力变得尤为必要，因此它成为了我们的共通语言。

## 第二章

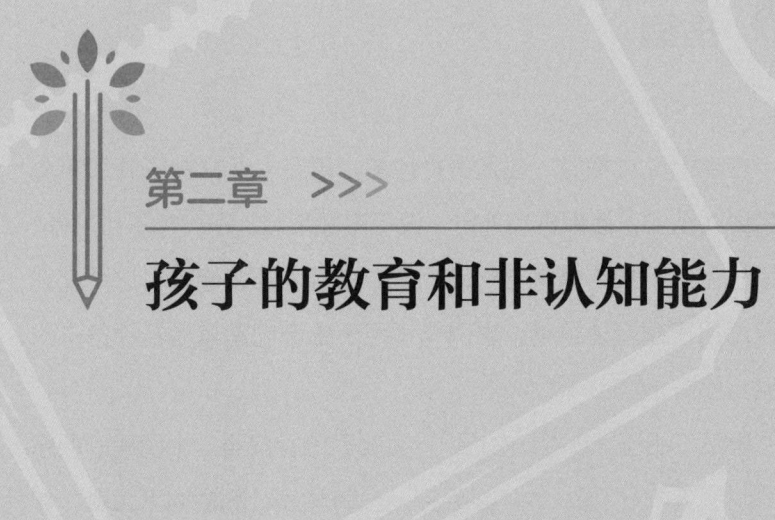

### 孩子的教育和非认知能力

## 指南

在建造建筑物时，都是先打地基，再在上头搭柱子并加斜撑使其更为结实，接着再砌外壁、进行内部装修。不可能不打地基、不搭柱子、不加斜撑就突然砌外壁、进行内部装修的。这个道理不仅适用于建造建筑物，也同样适用于生产制造其他各种各样的物品。那么，"人"呢？

当然，由于人不是"物品"，因此不可能按照一个明确的顺序去"组装人"。但是，也不是说完全没有顺序。顺便问下大家，你们知道秩父神社（日本埼玉县）里的《父母心得》吗？

每个大人都曾经是个孩子，我们也都一样。人不可能"一步登天"，一下子就成长为大人，都是慢慢地从孩子成长为大人的。并且，笼统意义上的"孩提时代"实际包含婴儿、幼儿、儿童、少年等各个时期。不同时期，孩子的成长特征也都是不同的，因此我们需要根据孩子不同的成长特征，采用相应的教育方法。《父母心得》就简单明了且直截了当地传达了这一信息。

> **父母心得**
>
> 对婴儿要寸步不离
> 对幼儿要半手不放
> 要时刻留意儿童
> 要时刻关心少年
>
> ——秩父神社

"婴儿"时期，紧紧拥抱孩子，让他感受肌肤的温度吧；"幼儿"时期已不需要像婴儿时期那样寸步不离，但还是要常伴孩子身旁，给他安全感；"儿童（小学生）"时期，孩子开始重视与小伙伴的关系，在需要的时候给予他帮助吧；成长为"少年（中学生）"后，孩子变得越来越独立，但是在让孩子变得独立的同时也不能忘记给予他关心。《父母心得》大概就是这样的意思吧。

像这样，我将"孩提时代"分为了婴儿、幼儿、儿童、少年四个时期，并将这几个时期称为"发展阶段"或是"生命阶段"。当然，发展阶段也存在于从少年转变为大人以后的时期。换句话说，"人生（生命）"的"舞台（阶段）"存在于各个时期。正如之前所说的那样，培养人不像制造物品有明确的顺序，但在教育孩子方面依旧是分几个"阶段"的。既然不同阶段有不同的特征，那依据各阶段的特征提供相应帮助便是适当的；相反，与各阶段的特征不相符的帮助便是不适当的。

孩子教育中没有标准答案（或者说有很多标准答案），因此很难鉴别究竟什么是适当的、什么是不适当的。举几个极端的例子，比如，要求刚会说"好、好"的婴儿快速奔跑；再比如，要求连"蝌蚪"一词都要拼错的幼儿说一口流利的英语……显而易见，要求孩子去做在谁看来都是不合理的事，便是不适当的帮助。

判断这些极端例子适当与否并不困难，但还存在许多并不极端的例子。对于那些并不极端的例子，我们就很难判断其适当与否了。但是，我们能够知道孩子各个发展阶段所具有的特点，因此我们首先要做的便是了解这些特点。在了解孩子各个发展阶段所具有的特点之后，提供适合孩子的帮助就变得容易多了。

第二章我会介绍孩子各发展阶段的不同特征，以便各位家长更好地帮助孩子提高非认知能力。我将主要围绕孩子在小学生时期（儿童时期）的特征展开，孩子在该发展阶段的特征看似"众人皆知"，但其实"鲜为人知"。大家仔细想一想，小学生时期正好处于孩子结束婴儿、幼儿阶段（婴幼儿时期），步入长大成人阶段（青年期）的正中间。这样一想，大家是不是就对这一阶段孩子究竟具有怎样的特征感到很好奇了呢？从下页开始，就让我和大家来分享一下相关的事情吧。

# ❶ 对"发展"的理解方式

## （1）何谓"发展"

在了解小学生（儿童期）发展阶段的特征之前，我想先和大家来分享一下有关"发展"本身的事。在《广辞苑》（日本最有名的日文辞典之一）中，"发展"一词有以下三个意思："①生物体发育，接近完全形态。②进步并迈向更优秀的阶段。规模变大。③个体随着时间的流逝改变精神、身体机能的过程。因遗传、环境等而逐步变化。""发展"一词具有以上三个层面的意思，但我在本章所谈的"发展"主要指的是③这种"发展"。请看图2-1。

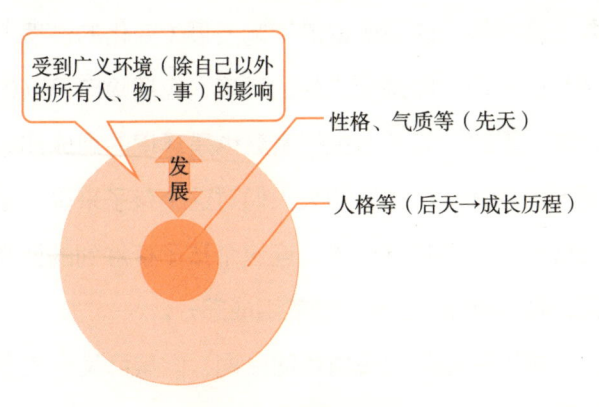

受到广义环境（除自己以外的所有人、物、事）的影响

性格、气质等（先天）

发展

人格等（后天→成长历程）

图2-1：发展的意象图

正如图 2-1 所示，在不断成长的过程（成长历程）中，从出生时的先天状况逐渐向后天状态变化的过程便是发展（或者说发育）。当然，遗传性因素也会影响这种变化，但环境对这种变化的影响却是极大的。

并且，人在成长的过程中是在不断变化着的，终身如此。因此，我们也可以称为"终身发展"。我举个比较好理解的例子吧，比如，性格和个性的差异。在英语中，与生俱来的先天性格、气质是"character"，而通过后天变化形成的个性则是"personality"。的确，天生急性子的孩子也并不一定永远都是急性子。在成长（发展）的过程中，他们能够从因自己性急而搞砸的事情中吸取教训，从而成长为稳重的人。

像这样，按照刚才理解"发展"的思路，我们便能够将乍一看似乎是同一意思的性格和个性区别开来，前者为先天的，而后者则为后天的。

需要注意的是，这里所说的影响发展（变化的过程）的环境并不是狭义的环境，而是指广义的环境，包括除自己以外的所有人、物、事。因此，孩子出生的家庭也是环境的组成部分，之后遇到的朋友、老师、该地区的大人们对这个孩子来说，全部都是环境的组成部分。再拓展一下，连这个孩子接触到的亚文化（动漫、漫画、电视剧等）也是环境的组成部分。

比如，模仿并运用动漫角色的台词；因崇拜某个校园电视剧中的教师而立志也成为一名教师；在运动中屡屡受挫时从运动系漫画中得到鼓舞。像这样，我们常会在不经意间受到影响。因此，父母总是想方设法限制自己孩子所看电视节目的类型。尽管，人们对于父母限制孩子所看电视节目的类型这一行为褒贬不一，但现在真正重要的是能够从"孩子正在接触怎样的亚文化"这一视角去考虑问题。这样一来，我们便也能弄清类似"为什么我的孩子会这样措辞？"的问题了。

## （2）泛化的发展和个性化的发展

刚才我向大家介绍了发展的意思，但我们在理解发展的时候还必须留意几件事情。假设存在婴儿开始走路这一变化的过程（发育）。许多婴儿在 1 岁左右开始走路，但是，学步快的孩子是在 8 个月左右开始走路的，而学步慢的孩子则是在 18 个月左右才开始走路的。也就是说，在开始走路这件事上，学步快的孩子和学步慢的孩子之间存在着长达 10 个月的差异。从家长的角度来看，若孩子学步快，家长会感到高兴喜悦；若自己的孩子到 8 个月、甚至到 1 岁都还没开始走路，家长便会开始感到不安。在学习、运动方面也是如此，大人在自己的孩子先于同龄孩子做成某事这方面往往会抱有过度的期待，会过分感到心安。当然，我也是一个大人，也是一位父亲，因此我完全能够理解这种心情……

其实这也是在了解发展的陷阱。大人通常不由得就会拿自己的孩子和周围的孩子、和平均值去比较，若自己的孩子先于他人则感到喜悦和心安，若迟于他人则会感到焦虑和不安……特别是像刚才所说的"婴儿一般在1岁左右会走路"这一发展特征，就是依据众多数据计算出的平均值泛化的产物。因此，我们常会误以为那便是"真理"。

但是，众所周知，每个孩子的先天遗传基因、特性都不一样，并且刚出生没多久就身处不同的环境之中。因此，在后天的变化中产生差异也是非常正常的。也就是说，人们的思维被泛化的发展所带有的倾向以及特征所禁锢，而忽略了因人而异的个性化的发展。这是非常危险的。

于是，又有人认为只需关注因人而异的个性化的发展，没必要了解泛化的发展所带有的倾向以及特征了。但是，事实并不是这样。这是因为在了解了泛化的发展所带有的倾向以及特征之后，我们才有了参考的标准。硬要说的话，那就是类似"成长地图"的东西。通过这张"成长地图"，我们能够了解孩子现在大致处于哪个阶段，也能知晓孩子即将步入哪个阶段。不过这张地图只是告诉我们孩子大致会向什么方向发展，并不是一个明确的基准，不用像法律那样严格遵守。

之后，我会主要和大家分享小学生（儿童期）这一发展阶段的特征，不过也只是作为一般性的参考指标。我建议大家可以更多地去理解孩子因人而异的个性化的发展。

# ❷ "发展"的横轴与纵轴

## （1）"发展"的横轴是什么？

虽然说起来都是"发展"，但实际上"发展"可细分为纵轴的发展与横轴的发展。纵轴的发展就是由各个发展阶段相连而形成的发展路线；横轴的发展则指的是各发展阶段中不同的发展领域。接下来，我就来和大家具体谈谈发展的纵轴与横轴吧。

首先是发展的纵轴。如果说发展的纵轴是由各个发展阶段相连形成的，那大家就必须了解构成纵轴的各个发展阶段。正如图2-2所示，这块内容是非常明确的。

正如很多人对发展阶段的称呼——人生舞台（生命阶段）一般，我们将人的一生分为①婴儿期（1岁前）→②幼儿期（1~6岁）→③儿童期（7~12岁）→④青年期（13~20岁）→⑤成人期（20~30多岁）→⑥壮年期（40~50多岁）→⑦老年期（60岁以后）七个阶段。我们就先把以上各阶段所具有的倾向、特征等作为参考指标吧。

但是，我们需要注意，这七个阶段说到底也只是客观地按照年龄划分出来的。正如之前所说的，人的发展并不是简单地与时间的流逝成正比的，还会因成长历程的不同而变化，而成长历程则会受先天因素以及后天环境的影响。因此，直接将依年龄划分的具有一般性的发展倾向、特征等套用到每个孩子身上是非常危险的。

图 2-2：构成发展生涯纵轴的发展阶段

此外，由七个阶段相连组成的纵轴还表明了发展的各个阶段并不是孤立、碎片式的。在婴儿期的发展会影响幼儿期的发展，而幼儿期的发展又会影响儿童期的发展，儿童期的发展也会影响青年期的发展……各个发展阶段是紧密相连的。在各发展阶段内不存在"复位按钮"，当然，在之后的发展阶段中可以做相关的修正与补救，但认真对待每个发展阶段是发展生涯纵轴中非常重要的一点。

## （2）"发展"的横轴是什么？

接着我们来说说发展的横轴。各个发展阶段中的不同发展领域究竟是什么呢？我粗略地将其分为图2-3所示的三大领域。

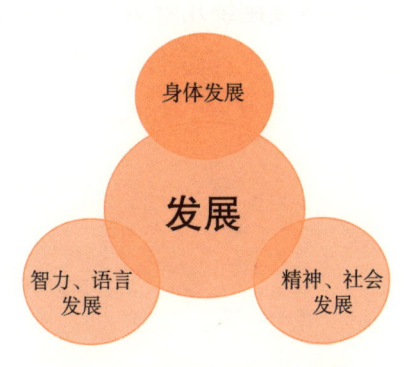

图2-3：发展横轴的三大领域

像这样，我把身体发生变化的过程称为"身体发展"领域，把智力、语言发生变化的过程称为"智力、语言发展"领域，把精神层面、社会性变化的过程称为"精神、社会发展"领域。

正如我们常说的"知、情、意""心、技、体"那般，人的一生是由多个要素构成的，发展也如此。所以当我们在关注一个（纵轴的）发展阶段时，由于该阶段的倾向、特征也是由多个要素构成的，因此我们又必须将其分为各个要素。也是由于这个原因，我将发展的横轴分为"身体层面（体）、智慧和语言层面（知）、精神和社会层面（心）"三个领域。

但是，横轴与纵轴一样，也不是孤立、碎片式的领域。如图

2-3 所示，各个领域与其他领域有重合的部分，在共同作用下使人这个高度复杂的有机体发生变化；另一方面，像这样特别分出几个领域来也有利于我们更好地理解各发育阶段的倾向、特征等。在之后的章节中，我会主要围绕儿童期这一发展阶段，分别对这三个领域加以说明。

# ❸ 儿童期的身体发展倾向以及特征

## （1）孩子的身体现状

在《PRESIDENT Family》（日本家庭亲子教育杂志）2016年秋季特辑中，一个具有冲击性的标题跳入人们眼帘，这个标题就是《急速增加！老龄化的孩子们》。这篇文章主要说的是存在于当今孩子（幼儿、小学生）身上的一些问题，比如，用HB铅笔写字，字迹就会变得很淡；无法保持同一姿势；跌倒时因不用手撑地而受伤；不会打球；会做清洁的时候骨折……

此外，该文章甚至还指出了孩子身体上的问题，如受腰痛折磨、有脊椎侧弯的倾向等。这些症状与常见于老人身上的"运动障碍症候群（locomotive syndrome）"非常相似，因此该文章将存在这些症状的孩子称为"运动障碍症候群预备军"。这种现象是由多种因素造成的，有大家常说的电子游戏、智能手机等的原因，也与孩子所处环境的变化有关。另外，为改善这些问题，该文章还介绍了一些有助于孩子挺直背脊的锻炼方法。

我在阅读这个特辑的同时，也将目光转向目前大学生的现状。据各大学相关人士透露，上课期间打瞌睡，脑袋像小鸡啄米般一点一点的，最后"席桌而睡"的学生大幅增加，这种问题的出现当然也有课程本身的原因。为让学生在课堂上不处于被动状态，近年来，各大学都积极开展诸如小组活动、讨论等让学生主动学习的上课方式。

但是，我觉得改变上课方式并不是解决该问题的关键（我绝不是在推卸责任）。以学生的上课姿势为例，正如刚才特辑中提到的那般，学生在教室中端坐的时候，很难保持背脊挺直的姿势。若背脊不挺直，氧气就很难输送到脑部，众所周知，大脑缺氧就容易打瞌睡，也就是说，是否能在课堂中保持背脊挺直关系到能否缓解上课打瞌睡的现象。当然，也存在个体差异，但我觉得学生上课不能保持正确的姿势与近年来幼儿、小学生上课打瞌睡的现象增加是有关的。

不出十年，被称为"运动障碍症候群预备军"的孩子就会进入高校、大学、短期大学等，形势将会愈发严峻。

顺便问一下，如今的小学教学真的没问题吗？当然，孩子们在课堂打瞌睡与经常熬夜、生活作息紊乱也有很大关系。此外，我觉得保持姿势这一点也很重要。那么，为让孩子保持背脊挺直的姿势，我们需要做些什么呢？前面说到的《PRESIDENT Family》特辑从"身躯"这一关键词出发，提议让孩子进行锻炼。另外，还可以限制孩子玩电子游戏、智能手机的时间。除此之外，还有什么别的方法吗？在思考这些问题的时候，我们就有必要聚焦孩子身体的发展。

## （2）孩子身体的发展方式

刚才我们谈到了孩子的身体现状（特别是存在的问题），那么孩子的身体是如何发展发育的呢？接下来，我们就来了解一下孩子身体发育的一般情况（基于众多数据且经过验证的结论）吧，当然，孩子之间是存在个体差异的。我对众所周知的不同年龄人体各部位发育速度曲线进行了部分改编，形成了坐标轴2-1的"不同年龄人体各部位发育速度曲线"。

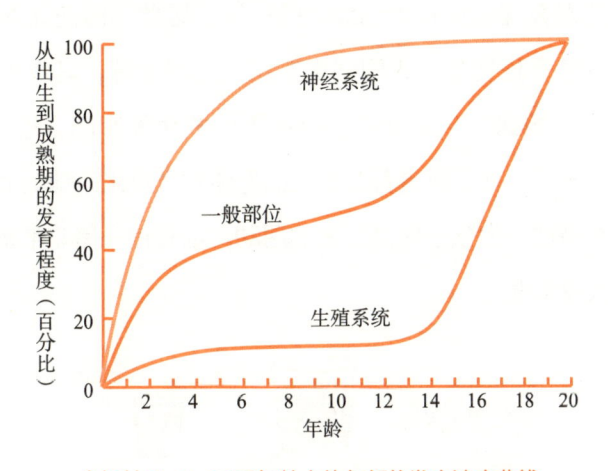

坐标轴2-1：不同年龄人体各部位发育速度曲线

该曲线的横轴表示年龄，纵轴表示发育程度。该曲线默认人在20岁时各部位发育程度达到100%，在此基础上，用曲线描绘了人从出生到长大成人期间的发育趋势。从该图表中我们可以得知，"生殖系统"曲线在14岁之前基本维持在不足20%的水平，而在14岁之后便迅速朝100%发展。

正如大家所知道的那样，该曲线表示的是孩子迎来"第二性征"后的身体发育情况。此外，从该图表中我们还可以得知，"一般部位（肌肉、骨骼、体格等）"曲线与生殖系统曲线类似。不过在一般部位曲线中，人的身高、体重从一出生便开始迅速增长（第一次成长期），在中学生时代起的第二次成长期中再次得到迅速增长。

另外，请大家注意一点，那就是在幼儿到小学生的阶段，一般部位的发育程度只有大约成人的一半。因此，即使让处于小学生时期的孩子进行与大人同强度的肌肉力量锻炼，其效果也不如大人，不仅如此，这甚至还会给孩子造成负面影响。也就是说，对于大人来说，在了解具有普遍性的身体发育变化的基础上，根据孩子的发育情况为孩子提供合适的活动、经验指导是非常重要的。

请大家看图 2-4。

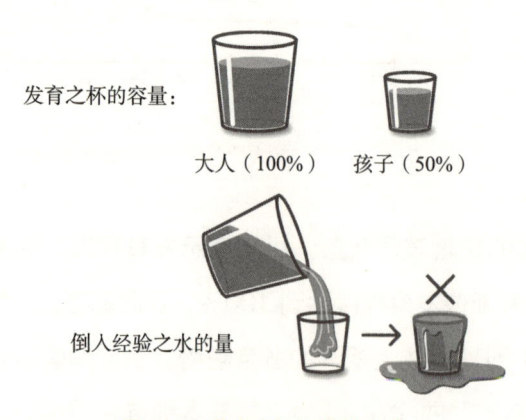

发育之杯的容量：

大人（100%）　孩子（50%）

倒入经验之水的量

图 2-4：发育之杯和经验之水

假设有一只杯子（容器）。刚才我们以百分比的形式用数值表示的便是该杯子的大小，那么，100%的状态就是最大的杯子。比如，在小学生时期，属于一般部分发育的"发育之杯"平均只有50%，仅为成人的一半。

但是，仅"发育之杯"容量变大并不意味着肌肉力量的提高。只有加入提高肌肉力量的锻炼（经验），肌肉力量才有可能得到提高。这种经验即倒入杯子中的水。往杯子中倒入与杯子的大小相适应的"经验之水"，力量和机能才能得到提高。因此，如图所示，若将与成人（100%）等量的"经验之水"倒入只有其一半（50%）大小的"杯子中"，那多余的水便会溢出来。因此，大人需要了解孩子现阶段所拥有"杯子"的大小，不能强制灌输给孩子与其"杯子"大小不相符的经验。这种思考方式不仅适用于身体发展的领域，还适用于其他所有发展领域。

## （3）有趣的"神经系统"发育模式

接下来，让我们聚焦"神经系统"。"神经系统"的曲线几乎和刚才介绍过的两类曲线成对称样式。"神经系统"展现了控制人的协调性、平衡感、韵律感等身体活动的神经系统的发育发展程度，可通过脑重、头围等测量出来。看图表我们能知道，"神经系统"曲线在人出生后没多久便开始迅速上升，到幼儿期的后半期（4~5岁）已达到约成人80%的水平，到小学三四年级（9~10岁）便已达到与成人同等的水平。

也就是说，小学生基本能进行与成人一样的活动（在不考虑力量差距的前提下）。考虑到这一点，就会不自觉地想到，在之前特辑中提到的跌倒时因不用手撑地而受伤的小孩的事情。实际上，很多时候，这归咎于大人（主要是家长）对孩子的过度保护，大人从不让孩子跌倒。在发育发展层面，度过幼儿期的孩子本该完全能承受跌倒、受伤这一身体动作，但是在大人的"庇护"下，孩子未曾有过这样的体验。正因为如此，孩子在将来可能会受到更严重的伤害（当然这也取决于跌倒的程度）。

另一方面，过度关注特定的运动系统的活动而忽视像充分活动手指之类的活动，孩子就有可能变得身体活动不协调。请大家回忆一下刚才介绍过的杯子和水。在"神经系统"方面，孩子与大人的"杯子"大小是差不多的，也就是说，根据杯子的大小倒入适量的"经验之水"是有可能的。在孩子的神经系统得到充分发展时，我们不能仅凭自身的判断限制孩子的动作，也不能仅让孩子做特定的几个动作，我们需要在孩子的杯子中倒入足量的"经验之水"，指导他们尝试各种各样的动作，无论是身体活动还是手指活动。

另外，在谈到"运动障碍症候群预备军"时，我提到了有关姿势的事情。大家都知道，人需要一定的肌肉力量才能保持某一姿势。但是，我想说的是，让还不具备足够肌肉力量的孩子提高其肌肉力量以维持一个良好的姿势是不合理的。那么，我们需要做些什么才能帮助孩子改善姿势、提高运动水平呢？用一个词概括，那就是"刺激"。要改善姿势，不能一味提高背部的肌肉力量，可以通过挺直背部这一方式来刺激身体，有意识地去不断进行这一动作。在不断重复的过程中，让神经系统发育接近成人的孩子，身体得到充分刺激，这便是在"杯子"中倒"经验之水"的过程。

# ❹ 儿童期智力、语言发展的倾向和特征

## （1）大脑与思考

讲完身体的发育，接下来我想和大家谈谈大脑的发展。在发展领域，大脑的发展便是"智力、语言发展"。刚才介绍了不同年龄人体各部位发育速度曲线。我们可以从其中的神经系统曲线中得知，9~10岁的孩子，其大脑容量已和成人相当，这是通过脑重、头围算出来的结果。大脑最大的作用可以说是思考，那么，能够思考的大脑是怎样不断发育的呢？因"脑锻炼"而出名的川岛隆太教授公布了意义重大的数据，如坐标轴 2-2 所示（作者仅选用了其中一部分）。

川岛教授在该图表中展示了两个大脑功能分区的发育。一个是掌管"视觉、听觉、触觉、嗅觉、味觉"五感的大脑功能分区，在孩子 3 岁前已发育到与成人相当的程度；另一个是掌管思考的大脑功能分区，在孩子 0~3 岁间发育迅速，在孩子 10 岁左右进入青春期后迎来第二次迅速发育期。从不同年龄人体各部位发育速度曲线中，我们已经了解了神经系统（大脑）容量大小的发育

情况，现在我们又明白了大脑功能分区（五感、思考）的发育情况，这有助于我们更全面地把握大脑发育的实际情况。

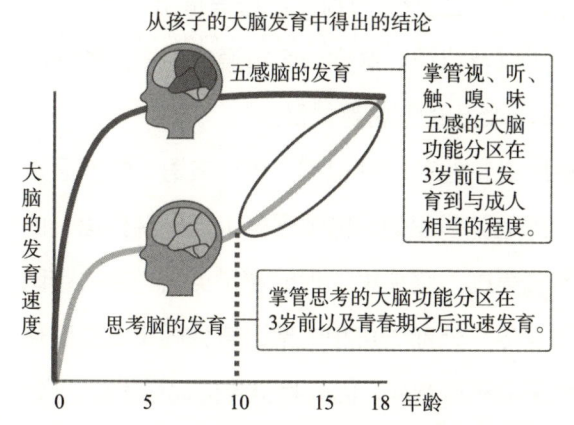

从孩子的大脑发育中得出的结论

五感脑的发育：掌管视、听、触、嗅、味五感的大脑功能分区在3岁前已发育到与成人相当的程度。

思考脑的发育：掌管思考的大脑功能分区在3岁前以及青春期之后迅速发育。

基于《川岛隆太教授与思考 我家小孩的未来学》（宫城县教育委员会）制成

**坐标轴2-2：思考脑的发育**

## （2）思考使用的是内部语言

那么，为了进行"思考"，我们需要做些什么呢？在这里，我用与自己对话来替代思考这一行为。也就是说，在内部与自己进行对话就是"思考"，换句话说，思考便是"自我的内部对话"。

为了与他人"进行对话"，我们会使用语言。对话（交流）需要语言；同理，自我的内部对话（思考）也是需要语言的。

实际上，我们拥有两种语言——产生于外部的语言（外部语言）和产生于内部（头脑中）的语言（内部语言）。而思考所需要的语言则是后者，即内部语言。

我曾在冈山大学问一位名叫 Tony 的瑞典留学生："Tony，你脑袋里用的是什么语言？"Tony 的母语是瑞典语，此外，他还精通英语、汉语以及日语。这样一个精通数国语言的留学生在被问到这个问题时，给出的回答是"日语"。

但据他所说，他若回到祖国，用瑞典语（外部语言）与他人进行对话，那他脑袋里的（内部语言）便是瑞典语。此外，他还补充道，若去美国，脑袋里浮现的便是英语；若去中国，脑袋里浮现的即是汉语，外部语言和内部语言会同步发生变化。这对只会日语的我来说非常新鲜，因此我至今仍记忆犹新。顺便说一下，除了 Tony 以外，我还问了其他留学生这个问题，他们都给了我同样的回答。

从中我们也能明白，产生于外部的外部语言与产生于脑袋中的内部语言之间存在着密切关系。据说在语言发育方面，儿童在婴儿期、幼儿期便学会了外部语言，但到 4 岁时才开始逐渐习得内部语言。的确，一般来说，我们都是先掌握外部语言，再掌握内部语言的。因此，在婴儿期、幼儿期阶段，让儿童经常接触外部语言，做到既能"输入"又能"输出"，那便能自然而然地习得丰富的内部语言。

但是，也存在以下这样的情况。去家庭餐馆，我们常能看到一家人一起外出就餐的场景。同时，我们也能看到在等上菜的过程中，孩子只顾自己打游戏、大人则只顾自己玩手机，这种几乎不怎么交流的家庭。为丰富外部语言、内部语言，其实我们不需要接受特别的培训，而只用经常与家人、朋友进行交流就可以。

## （3）思考与情绪是硬币的正反面

掌握内部语言、学会思考有助于人们控制情绪，做出更为理性的行为。如图 2-5 所示，思考与情绪类似硬币的正反面。也就是说，当思考面起作用时，情绪面也能得到压制，于是冲动等不理性的行为也会随之减少。

图 2-5：思考 – 情绪的硬币

相反，当思考面不起作用时，情绪面就占据上风，冲动等不理性的行为也随之增加。这种情况绝不罕见，许多人都有过这样的经历。因交通堵塞而焦躁仍劝慰自己心态要平和（思考面在起作用）；由于太过悲伤而泪流不止、低声哭泣（情绪面占上风）。当然，也没有必要一直都让思考面起作用、始终保持理性，根据情况的不同，有时也需要毫无顾虑地让情绪面发挥作用。不过，若拥有强大的思考能力，的确可以做到不受情绪影响、始终做出理性的行为举止。这就告诉我们，当孩子小的时候，便让其多接触外部语言，培养其丰富的内部语言，长大后就不容易受情绪影响。

## （4）关注思考能力迅速发展时期的孩子！

提到"思考"，我们常会听到"逻辑性思考""科学思考"等词。正如刚才所说，思考可以控制情绪，但当我们聚焦于思考的实质时，就能发现以下两种典型的思维方式。用通俗的语言解释，"逻辑性思考即能够厘清条理、符合逻辑地进行思考的方式"，"科学思考即基于现实依据、证据进行思考的方式"。孩子在9~10岁以后，这种思考能力便会发育到与成人相当的水平。

假设某日，家长对自家孩子说："你看看小明，多用功学习啊。你好好学学！"再假设一下，之后的一天，这个小孩对家长说："小明的零花钱比我多，我也想要更多零花钱！"这个时候，家长若说类似"你这个人，我们家是我们家，别人家是别人家"这样的话，孩子会怎么想呢？一般来说，若是9~10岁（小学三四年级）的孩子，他已经能够进行以下思考："（我爸妈讲的话）不符合逻辑！"意识到此前讲的话（像小明一样……）与现在讲的话（我们家是我们家，别人家是别人家）有出入，觉得很不协调。这便是在进行逻辑性思考。

另外，同样是在9~10岁这一时期，孩子逐渐开始不相信圣诞老人，意识到没有证据（现实的证据）表明12月24日晚上圣诞老人独自一人给全世界的小朋友分发礼物，能够区分虚幻世界与现实世界。这便是在进行科学思考。这样的思考绝不是孩子学习时的"专属物"，反而更常在日常生活中进行。

这些思考能力在小学三四年级左右开始迅速提升，逐渐接近大人水平。大人希望给予思考能力正处于迅速发展时期的孩子一些相关的经验、刺激，但与此同时，也有许多需要注意的地方。若一直认为孩子还只是个小屁孩，在与孩子的接触中总是哄骗孩子，这样可能会带来严重的后果。这是因为，虽然从外表来看他们与低年级学生（一二年级）并无太大差别，但其脑部发育程度已接近高年级学生（五六年级）、青年甚至成人水平，也就是说"外表是小孩，（但）头脑已是成人"。正如前面提到的家长与孩子间的对话那样，若家长觉得自家孩子从外表来看还是小孩，于是就用不符合逻辑的方式去敷衍他，那孩子自然会毫不留情地指出问题所在，并觉得"这个大人不值得信任"。我们大人不能被外表所惑，需要正确认识到孩子正处于发展发育中，正在不断地向成人靠拢。

# ❺ 儿童期精神、社会性发展的倾向和特征

## （1）人具有两种意识

儿童期的精神、社会性发展与前面介绍过的智力、语言的发展紧密相关。孩子的内部世界（精神世界）、与他人交往中产生的社会性逐渐发生变化的过程便是精神、社会性发育。那么，其有怎样的发育倾向和特征呢？请大家看图2-6。

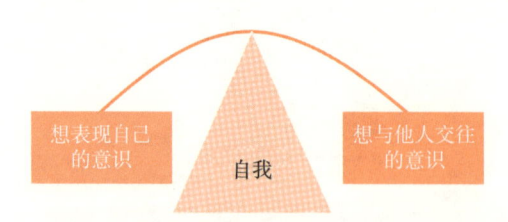

基于鲸冈峻所著的《孩子在接受教育中成长——思考关系发展的代际间循环》制成

图2-6：自我表现和与他人合作的意识之间的关系

这幅图表现的是，保育学家鲸冈峻提出的人所具有的两种意识之间的关系。首先，孩子开始产生强烈的"想表现自己的意识（自我表现的意识）"（图左侧）。这是一种以自我为中心的想法表

达，比如"我想要这样做""我想要这个"。孩子在刚出生时都是以自我为中心的，这是因为在那个阶段，一旦在意他人的想法、委屈自己就无法维持生命。

于是，当大人理解、接纳了孩子这种以自我为中心的想法时，孩子便会觉得自己是真实地存在于这个世界上的，这种感觉很好。也就是所谓的自我认同感（或是自我接纳感）。虽然人们常会觉得大人接纳孩子的想法会助长其任性，但是在这种不断的接纳中，孩子反而会学会接受他人的想法（要求、愿望等），这对婴儿期到幼儿期前期（4岁前）的孩子来说是非常重要的。

接着，孩子开始产生"想与他人交往的意识（与他人合作的意识）"。孩子开始逐渐意识到周围其他人的存在，为能够与他人交往，有时便会忍耐、妥协。这种意识大概在幼儿期后期（5岁左右）开始产生，到小学生时期，孩子容纳他人的能力则变得更强了。在这个过程中，孩子开始懂得谁同自己合得来或是合不来，开始明白自己比得过或是比不过他人的地方。也就是说，孩子步入了通过与他人进行比较来认识自己（自我认知）的时期。积极与同自己合得来的朋友（同类人）交往，排斥同自己合不来的人（非同类人）。但是，与合得来的朋友之间发生争吵、重归于好这样的经历对孩子今后社会性的形成大有益处。因此，我希望孩子在小学低年级的时候，能够与合得来的朋友多经历一些事情。

此外，与他人进行比较也绝不是"禁忌"。人们常说"别人是自己最好的镜子"。的确，我们需要与他人进行比较从而明确（认识）自己是怎样的人。不过，在与他人比较的过程中，完全没有必要否定自己，不要觉得自己一无是处、无可救药。希望大家抱着"即使做不成（某事）也没关系，我就是我；无法做到（某事）的我还是我"这样的心态去与他人进行比较。

到了小学中年级（三、四年级），孩子容纳他人的能力变得更强了。这个时期的孩子，开始打破同类人、非同类人的界限，开始更多地关注到非同类人的存在，对，包括"大人"的存在。无论是外观还是立场，对于孩子来说，大人就是非同类人。于是，孩子开始与大人保持一定的心理距离，孩子之间的联系则开始变得更为频繁、密切。不仅如此，孩子还开始按照孩子间的规则进行团体生活，而不是遵循大人所说的规则。也就是说，孩子开始结束受他人支配的时期（他律期），转而进入由自己掌控的时期（自律期）。

与此同时，孩子也开始摆脱大人说什么就做什么、大家做什么就跟着做什么的模仿期（模仿是幼儿期的一大特征），步入顺从期，只在想清并认同某事的意义时才会去做。也就是说，到小学三四年级，孩子已经能够在进行更为深入的思考之后再采取行动了。像这样，我们称孩子与大人在心理上保持一定距离，迎来自律期、顺从期的这段时期为"叛逆期"，这是极其重要的一个时期。在这个时期，孩子不会像所谓的"黑社会[①]"那样采取一些反

---

[①] 译者注：日语中，"ジャングエイジ"是"叛逆期"的意思，而"ジャング"则有"黑社会"的意思。

社会的行动,但是会结成小团体,构建远离大人的、属于自己的共同体。可以说,这是孩子转变为大人的重要一步。

在智力、语言发展章节中,我也提到过,这个阶段的孩子有"外表是小孩,(但)头脑已是成人"这一特征,因此,若大人不改变对自家孩子的认识,就很容易认为这只不过是孩子变得狂妄自大(对于大人来说,非常伤脑筋)的时期。希望大人能明白,这一时期是孩子逐渐转变为大人的重要时期,理解孩子努力成为社会中一员的心情,采用适当的方式与其交流、沟通。

## (2)孩子进一步成长为大人

到了小学高年级(五、六年级),孩子进入前青春期。在该时期,孩子的思维世界变得更有深度,甚至与大多数大人一样,"担心的事"也开始增加。并且,在这一时期,孩子的身体也开始发生变化,心灵与身体之间的平衡被打乱。思维世界更有深度并不完全是好事,它也会给孩子带来精神负担(即所谓的压力)。因此,孩子和大人一样,也开始需求有助于释放压力的活动、人际交往。

比如,大人会做运动、唱卡拉 OK、参加聚会、与别人聊家常等;孩子则会看漫画、打游戏、与谈得来的朋友聊天等。有时,随着孩子步入高年级,即使是从低年级、中年级起就一直持续进行的活动、人际交往也有可能转变为以自我安抚(自我保护)为目的。此时,若大人觉得孩子"一天到晚总是……",并对此进行过度干预，孩子就有可能觉得被剥夺了自我保护的方式。

高年级不仅是构建私人关系的时期，也是拓展公共关系的时期。在这个阶段，无论心中觉得对方合得来还是合不来，在公开场合也能够控制自己与合不来（非同类）的人进行交谈。在这一过程中，孩子终于步入青年期，逐渐成长为大人。

# ❻ 非认知能力的培养方式需因发展阶段而异

## （1）从发展阶段看非认知能力

在这里我想先谈谈非认知能力与发展阶段的关系。一直以来，人们都认为非认知能力在孩子长大成人后也可以得到提升；输入（记忆）知识等（部分）认知能力随着年龄的增长而下降，而非认知能力却不会如此。

但是，在进一步了解发展阶段后，我觉得认知能力和非认知能力之间的关系如图 2-7 所示。

## （2）首先培养作为地基的自我认同感

自我认同感（自我接纳感）的形成早于非认知能力，是孩子能力成长的原点（地基）。特别是在婴儿期到幼儿期前半期（4 岁左右），来自和家长等重要人士的依恋关系对于孩子来说是至关重要的。这种依恋关系逐渐演变为借助语言的呼唤以及对此进行回应的呼应关系，而不仅是肌肤相接触的关系。总之，在不附带条件的依恋关系、呼应关系中，孩子需要他人接受自己的存在。

婴幼儿期　　　儿童期　　　青年期

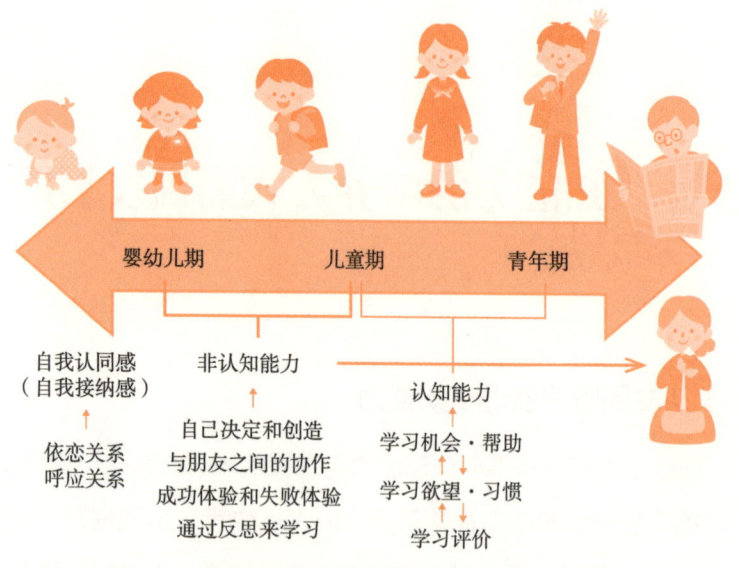

自我认同感
(自我接纳感)　　非认知能力
　　　　　　　　　　　　　　　认知能力
依恋关系　　　自己决定和创造
呼应关系　　　与朋友之间的协作　　学习机会·帮助
　　　　　　　成功体验和失败体验　学习欲望·习惯
　　　　　　　通过反思来学习　　　学习评价

图 2-7：各发展阶段和认知能力、非认知能力的关系

因此，在这一时期绝不能无视（放弃、长期不关心）孩子。此外，不要对孩子进行过度的早期教育，千万不要当孩子完成某事时就接受他；完不成某事时就不接受他。经历过此类事情的孩子常会变得奉承"能做成事的人"，看不起"做不成事的人"。如果该时期的孩子变成这样，主要是由大人所营造的环境所致，因此我希望大人在这点上能多多注意。

另外，需要补充的是，按照非认知能力的定位，这种自我认同感（自我接纳感）有时也包括在非认知能力中。但是，本书为将这种自我认同感（自我接纳感）与非认知能力区分开，特意将其定位为能力形成的地基。

## （3）不要急于提高认知能力

孩子在无条件接纳自己存在的这个过程中得到了自我认同感（自我接纳感），在此基础上，又获得、提高了各式各样的非认知能力。这大致发生在幼儿期后半期（4~5岁）到儿童期之间。非认知能力包括与他人协作的能力、让自己保持积极性的能力、控制自己内心的能力等。孩子掌握这些能力靠的不是大人的强行灌输，而是各种各样的体验。孩子在体验各式各样事物的过程中掌握了这些能力。因此，大人不能将自己的主观意愿强加在孩子身上，规定他们做这做那，而应尽量支持孩子做想做的事情，鼓励孩子与合得来的朋友多交流。

此外，儿童期以后，孩子的价值观开始逐渐形成。因此，在这一时期，大人不能一直告诫孩子只有学习、运动才是独一无二的最高价值，而应告诉孩子这个世界上有许多（多样的）有价值的事物，这也适用于刚才所说的自我认同感。若能做到多方面地认识自己的价值，那便能从自己身上、他人身上发现更多的价值吧。

在这一过程中，家长也会希望孩子能够学习并运用知识技能等，得到获得、提高认知能力的机会。急于尽快提高认知能力从而忽视孩子非认知能力的获得与提高，光顾着强迫孩子学习知识技能，就有可能导致孩子自身获得、提高认知能力的欲望降低。

也就是说，如图 2-8 所示，若将自我认同感（自我接纳感）比喻为地基，非认知能力则是柱子、斜撑，知识技能等认知能力便是墙壁、天花板、门、窗。

墙壁、天花板、窗户、门、装饰 → 认知能力（知识、技能）

柱子、斜撑 → 非认知能力

地基 → 自我认同感（自我接纳感）

图 2-8：非认知能力是人的柱子、斜撑

## （4）何时培养何种能力至关重要

发展阶段的特征具有普遍性，但同时也存在个体差异。但是，若能够把握住在何时培养何种能力这一点，就能防止大人产生焦虑、单方面地强制孩子做这做那的事情发生。

此外，如图 2-8 所示，若在地基、柱子、斜撑方面敷衍了事，只拼尽全力搭建天花板、墙壁，那搭建起来的房子会是什么样呢？不难想象，这样搭建起来的房子，只要有一点风吹草动就会瞬间倒塌。为了避免此种情况的出现，我们有必要了解起到柱子、斜撑作用的非认知能力的重要性。

在下一章中，我会再进一步谈谈我对非认知能力的发展方式和培养方式的一些看法。

第二章 孩子的教育和非认知能力

## 第二章　总结

- 人的一生都在不断变化，我们称这种变化的过程为"发展"，发展不仅受先天（遗传）因素的影响，还受后天各式各样环境（除自己以外的所有人、事、物）的影响。

- 发展既有以年龄为基准的发展阶段（生命阶段）组成的纵轴，又有身体、头脑、心灵等发展领域组成的横轴。在各发展阶段中各领域所发生的具有普遍性的变化被作为指标得到运用。

- 小学生时期所处的发展阶段被称为"儿童期"。孩子在这个阶段的特征之一，便是肌肉、骨骼等身体上的发育仅达到成人50%的发育量，但头脑的发育量则同成人的水平相当。

- 到小学三四年级，孩子的外表（身体）还是小孩但头脑却在迅速发育，不断接近大人水平。此外，孩子也开始逐渐能够进行逻辑性思考、科学思考。这个时期被称为"叛逆期"。

- 大人根据孩子各发展阶段的不同特征应该提供哪些恰当的帮助？首先，我觉得在孩子婴幼儿时期，培养其被定位为人的"地基"的"自我认同感（自我接纳感）"。在此基础上，再在儿童期内帮助孩子提高"非认知能力"。

# 第三章

## 非认知能力的成长方式和培养方式

## 💡 指南

大家知道这个字吗?

學

这是"学"的繁体字。中国先贤非常高明地用这一汉字表现了"学习"一事。繁体字"学"的下半部分是孩子的"子"字,而上半部分则表现了孩子在怎样的场合进行学习,其上半部分正中间两个"メ"的笔画意味着人与人进行的交际交往。

另外,位于"メ"的两侧,包围着"メ"的笔画则代表着大人的手。也就是说,繁体字"学"所表达的意思是,孩子应该在大人的保护下(具有安心感),在与他人交际交往的场合进行学习。这样想来,最近人们的确都觉得主动学习、对话式学习很重要。但其实,学习本就需要主动(能动性),需要与他人进行对话沟通、进行协作。换句话说,这绝不是一种新的思维方式或做法。

那么,为何大家现在才开始认识到这些事情的重要性呢?我出生于1976年,我上学的时候,一直在学算数、记汉字、英语单词、地图中的地名、何年发生了何事件、植物的生长条件、昆虫的定义。为了掌握这些知识，我不停地重复书写、背诵、练习类似的题目。由于独自一个人便能完成这些事情，因此也没多大必要和他人进行对话、协作。从前面说到的繁体字"學"来看，这是种缺少其上半部分正中部位的"乂"的学习。

那如今孩子的学习方式又是怎样的呢？实际上可能和我那个年代相比，没有太大的变化。但是，已经有人开始觉得按照我那个年代的学习方式，孩子很难掌握未来时代所需的能力。当然，记忆知识、运用知识还是很有必要的，并不是说已不需要通过独立学习来掌握知识了。只不过如今仅凭独立学习来掌握知识是远远不够的。因此，在今后的入学考试中大概会出现无法仅凭这些知识就能解答的题目吧（事实上，在入学考试中出这类题目的中学、高中、大学正在不断增加）。

比如，名字可能会从历史教科书中消失的"坂本龙马"（日本江户时代末期志士）。如果入学考试中的题目与1866年经过坂本龙马等人努力从而结成的萨长同盟有关……那在我们这个时代，就会出现许多正确答案是"萨长同盟"的填空题吧。但是，在未来时代，就可能会出现类似"坂本龙马等人为何要努力让萨摩藩与长州藩结成同盟呢？他们这么做是出于何种目的呢？""若你是坂本龙马，为让水火不容的萨摩藩与长州藩结成同盟，你首先会怎么做？"这样的问题。如果是这样，那就不仅需要通过独立学习掌握的知识，还需要了解其历史背景、从多种角度进行研究探讨，需要把自己当成坂本龙马来思考问题，需要与他人进行讨论。

我觉得在今后，无论是在课堂中的学习方式，还是入学考试的题目，都将发生巨大变化。

这样一来，在讨论上课方式、考试题目时，除了认知能力，非认知能力也逐渐变成重要的一部分。也就是说，如繁体字"學"那样，学习不仅包括认知能力，也包括非认知能力的提高。那么，在学校以外的场所，学习的情况又是如何呢？可以说，即使不在学校，我们也是在不断学习着。学习的含义并没有那么狭隘！的确，我刚才举了在学校学习的例子，但实际上我们的学习贯穿于生活中的各个方面。如"學"字这般的学习才最能够提高我们的非认知能力，这才是我们自身非认知能力的发展方式。

那么，非认知能力的培养方式又是怎样的呢？繁体字"學"上半部分两侧的笔画便是答案！大人不仅要保护孩子，还需要为孩子提供学习的环境。营造这种学习环境的"责任人"不仅是老师、家长，也包括参与到孩子生活中的所有大人。所以为了做到这点，大人有必要加深对学习、对非认知能力的理解。这就是第三章存在的目的。接下来，我们就一起进入第三章！

# ❶ 从体验到经验、再到学习

## （1）体验、经验及学习的区分

在上一章中我也提到了，如果只是单方面教授孩子某些知识，是很难帮助孩子获得并且提高认知能力、思考方面的能力、非认知能力等各式各样的能力的。

比如，想和他人进行合作，就必须掌握沟通交流的能力。此时，知晓与沟通交流相关的理论知识，并不代表实际拥有与他人进行协作所必需的沟通交流的能力。顺便说一下，我是冈山大学《职业生涯规划——磨炼沟通能力》这一门教养教育课程的任课老师，在开学第一讲上，我也一定会告诉学生这一点。

我们为了掌握并提高像沟通交流能力这样根据状况、语境来实践的非认知能力，而不是向脑袋灌输理论知识的认知能力，就有必要在各式各样的体验中进行学习。为此，在课堂上，我一直努力让学生意识到这一点，要掌握并提高非认知能力，就必须从单方面被灌输知识的学习模式转变为通过主动体验来学习的模式。

体验的一个近义词是"经验"。有些时候，我们会把这两个词视为同义词，对其不加以区分，混同使用，但是实际上这两个词有什么区别呢？请大家看图 3-1。

将体验过的事物内化为经验，
通过回顾这一经验进行学习，
然后掌握、提高各式各样的能力（认知、思考、非认知）！

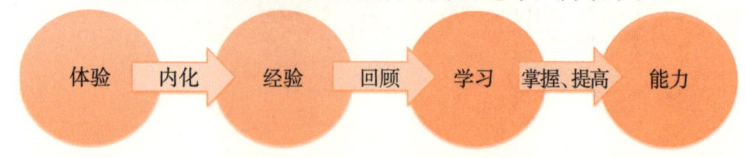

体验 → 内化 → 经验 → 回顾 → 学习 → 掌握、提高 → 能力

**图 3-1：从体验到经验、再到学习**

我们常会看到"××体验"这样的词语。自然体验大概是其中的典型代表吧。但是，大概不会有人将自然体验与自然经验混同使用，并且人们也会觉得这样说有种违和感。体验是指当时个人实际参与其中的活动。也就是说，自然体验指的是当时个人通过自己的五感切实与自然接触的活动。

那么，经验又是什么呢？随着时间的流逝，当时的体验会转化为经验。但是，体验转化为经验不仅需要时间，还需要一个内化的过程。如图 3-1 所示，通过体验，我们的内心有了新的发现，产生了感情上的触动。在这一过程中，体验迅速渗透到我们的内部。像这样，体验不仅仅只是停留于体验这一层面，而是会内化到主体自身形成经验。

然后，基于这种经验，我们总结出今后所需的实践知识，并将其与此前已内化的其他经验以及从外部获得的知识、信息等关联起来，找出其中的共同点和不同点，这就是"学习"。

再以自然体验为例，在自然资源丰富的地方，踏入河流、与动植物接触等实践活动就是体验。接着，通过这一体验，我们接触到了与身边水渠不同的水质优良的河水、注意到了生活栖息在河水中的生物、再次切实感受到大自然中的河流之美，体验也由此转化为经验。然后，我们会提出"为什么生物会栖息于水质好的河流中（为什么这些生物不栖息于我们身边的水渠里）？""我们需要做些什么才能改善水质？"等疑问，并对其进行深入思考，这一过程即是学习。通过将体验、经验和学习区别开来，我们就能理解从体验到经验、再到学习这三个不同的阶段。

## （2）体验注重数量更注重质量

应该有不少大人希望让孩子多体验一些事物。但是，盲目地让孩子去体验许多事物就真的好吗？我觉得重要的不是仅仅增加体验的数量，而是提高体验的质量，从而更好地令体验从经验转化为学习。实际上，甚至还有不少大人尝试挑战了许多事物，但之后却发现什么都没学到。

此外，我们常会看到这样的情况，参加同样的培训、研讨会，有些人得到扎实的成长，而有些人却几乎没感觉到成长。这是典型的体验仅停留在体验层面的例子。这样想来，刚才我说的观点不仅适用于孩子，也适用于大人。

顺便说一下，非认知能力的代表能力之一——"Grit（毅力）"。杜克沃斯（安吉拉·李·杜克沃斯）在提出这种能力的过程中，给了我们非常重要的启发。比如，当孩子做成某事时，一般都是由大人来对其结果进行评价的。即使孩子没有太努力去做事情，但只要结果是好的，大人就会表扬孩子"你真是天才啊"之类的。这样的话，孩子沉浸在被表扬的喜悦之中的同时，也有可能意识到"我即使不努力也能干成事情"。杜克沃斯指出，这样的经验不断积累下来之后，孩子就会成长为不努力、只追求结果的人。另外，杜克沃斯还委婉地指出，孩子在做成某事时，大人应该着眼于孩子是否为做成某事而付出了努力，即用"Grit（毅力）"来进行评价。借用杜克沃斯的这一观点，我们可以得知毅力（坚持到底的能力）低下的孩子并不是天生就毅力低下，也不是性格使然、本就是个容易放弃的人等，而是因为他们没有积累"坚持到底的经验"。反过来说，若孩子能够不断积累"坚持到底的经验"，便能认识到自己能够坚持到底、把事情做到最后，因而也能够获得并提高自己的毅力。

另外，如果就像前面说的那样，大人在对孩子做成的事情进行评价时，将重点放在其坚持下来的过程，而不是结果，那孩子就能认识到自己可以坚持到底，也更容易把从体验到经验、再到学习这三者贯通起来。

## （3）进行 PDSA 循环，不可置体验于不顾

那么，从体验到经验、再到学习，要提高体验的质量，孩子自身（除了需要他人的评价）需要做些什么呢？正如图 3-2 所示，

最重要的一件事就是"回顾"。

有一种发端于经营学、之后被广泛运用到教育学等各领域的名为"PDCA 循环"的思维方式。这种思维方式指的是，先制订明确的计划（PLAN），再将其付诸行动（DO），接着在检查（CHECK）实施效果的基础上找出今后的改善点（ACT），然后再循环到下一计划，而不是提倡漫无计划、顺其自然。

顺便说一下，我觉得在教育方面与 CHECK 相比，STUDY（反思、内省）更为合适，因此在这里我称其为"PDSA 循环"，如图 3-2 所示。

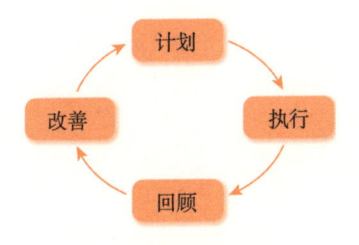

图 3-2：PDSA 循环

我觉得 PDSA 循环这一思维方式既适用于推进工作、项目，又适用于教育孩子。此外，还适用于个人充实自己的校园生活等。顺便说一下，我在冈山大学《职业生涯规划——磨炼沟通能力》这一教养教育课程中，也推荐学生在平时的学习生活中采用 PDSA 循环这一思维方式。我特别希望大家在将体验转化为经验、学习的过程中，能够做到不仅重视制订计划（PLAN），还重视内省（STUDY）这一环节。这是因为在日常生活中常会发生预料之外的事情，但若我们平常多重视内省这一环节，那即使发生了这类事情，我们也能够停下脚步来进行内省。当然，做事情的时候最好能避免"漫无计划（NO PLAN）"，不要再对各种各样的体验（包括预料之外的体验）"置之不顾（NO STUDY）"。停下脚步进行内省是将平日里的体验转化为经验、学习的重要突破口。

## ❷ 日常生活中的体验、经验以及学习

### （1）将日常生活中的体验转化为经验、学习

在前一节中，我以"自然体验"为例，明确了其与经验、学习之间相互贯通的关系。但是，我并不想将其局限于像自然体验这类特殊的（非日常的）体验。相反，我想将日常生活中各式各样的体验转化为经验、学习。

假设一个孩子在和几个朋友玩耍时吵架了，各自的想法相互碰撞，完全不听周围劝和的声音，最后不欢而散。那个孩子在回家路上逐渐冷静下来，开始在内心进行反思，"我说得也有点过了""刚才我为什么一步也不肯退让呢"……接着便决定第二天去跟朋友们道歉，或意识到今后不能光顾着生气、应该学会妥协。大部分人（包括我）大概都有过这样的体验吧。大家注意到了吗？这个孩子将"吵架"这一体验转化为经验，又通过回顾将其与学习相联系，开始习得非认知能力中的"与他人协作的能力""自制力"。也就是说，我们在不断地把自己参与其中的、日常生活中的许多体验转化为经验、学习，而不是仅转化由外部准备好的、特殊（非日常的）的体验。

## （2）无需大人干涉、能够自己解决的事情

日常生活中存在着许许多多的体验，我们（不仅是孩子）掌握着将其转化为经验、学习的机会。多关注日常生活，我们就能发现，相比于最大限度地为孩子准备特殊的体验，或许在孩子进入儿童期以后还是尽量放手更为有益，就如第二章指南中介绍的《父母心得》所叙述的那样。

比如，非认知能力的一种——"面向目标的能力"，孩子朝着自己发现的目标而不是别人强加给他的目标靠近才更有意义。这与近几年常听到的"主体性""自主"的含义是一致的。即使大人要求孩子"分数考得再高点""多交些朋友"，但只要这不是孩子本人自主设定的目标，那最后也不过是在被迫完成该"目标"罢了。这最终会导致为获得"面向目标的能力"而进行的体验、得到的经验很难与学习相贯通。

自主地去做某事是从"我想要去做某事"开始的。在选择自由的世界，不受他人（特别是大人）干涉、自己做决定是孩子最大的愿望。也就是说，孩子摆脱大人的控制、投身于自己想进行的体验才是面向目标的体验。顺便提一下，产生于"想要做自己喜欢的事"这一内部欲望的、孩子们放学后的"游乐时光"，便是其中最具代表性的例子。

## （3）儿童时代"沉迷"在喜爱之事中获得的能力

在由内田伸子教授等人组成的御茶水女子大学研究团队的研

究（2014）中有一项很有趣的调查。该调查的对象是 1000 名家长，他们孩子的年龄在 20~30 岁之间且已参加工作。其中，让孩子在幼儿期"想怎么玩就怎么玩""注重玩耍时的自主性""专注于做自己喜欢的事情"的家长，他们的孩子最后成功考上（偏差值[①]在 68 以上）"难关校（对认知能力要求极高的学校）"的比例非常高。

在这一结果公布的第二年，第一章介绍过的 OECD（2015）就提出了社交和情感技能与认知能力之间是相互作用、相互影响这一观点，这个时间点也是很有意思的。打着"为了你的将来"的旗号，让孩子进行"应试学习"，过早地仅在获得并提高认知能力上下工夫绝不是捷径。让孩子能够尽情玩耍、专注于做自己喜欢之事的家长看起来是在绕远路，但实际上，他们的这种做法在让孩子习得非认知能力的同时，也有助于孩子今后掌握认知能力。

此外，孩子需要在和同伴一起玩耍的过程中与同伴进行交流才能获得非认知能力（获得非认知能力不是"玩耍"的目的，而是其结果）。玩耍的过程中，孩子能掌握先提出一起玩耍的请求再加入游戏，以及接受对方的请求、同意其加入游戏这一社会程序（社交技巧）。另外，还能像前面的例子中提到的那样，在与同伴的玩耍中学会妥协让步，学会为一起玩耍的伙伴着想。这些都是"与他人协作的能力"。

---

① 译者注："偏差值"，是日本对于学生智能、学力的一项计算公式值，是相对于平均值的偏差数值，能直接反映每个学生在所有考生中的水准顺位，也是评价学生学习能力和水平的标准。

要想与同伴一起玩耍，就不能以自我为中心，而是需要"自制力"控制自己的情绪（感情）。如果觉得玩耍的游戏越来越没意思，但是还想继续下去，那么就要花心思研究规则、创造新游戏，这时候，孩子的创造力也得到了提高。同时，热衷于玩耍的经验也让孩子拥有了"好奇心"和"乐观的心态"。

## （4）孩子按照家长"指示"进行的玩耍不算玩耍

在这里我们需要注意几点。第一，为了提高非认知能力而在孩子小时候命令其尽情玩耍，并不是真正意义上的玩耍。玩耍应该是"我"因为（主动地、自发地）想玩耍而进行的玩耍。另外，大人尽可能放手、给予孩子自由并不是指忽视孩子（放弃育儿）、不干预孩子反社会的行为，而是指不将自身的价值观单方面地灌输给孩子、给孩子创造能够自己决定想干什么（想尝试什么）的机会。

进一步说，我并不是否认大人提出来的建议以及所提供的信息等。大人也需要给孩子提建议、提供信息，但是我希望大人能够把决定权交给孩子。这是因为，重要的不是让孩子做某事，而是让孩子做自己想做的事。此外，并不是一直放任孩子玩耍就是有益的，大人需要根据孩子所处的发育阶段为其创造适合的学习环境。很多时候，正是大人为孩子创造了让非认知能力与认知能力进行相互作用的机会。

另外，除了日常生活中的体验之外，特殊（非日常的）体验也很重要。但是，要注意不能本末倒置，把包含闲暇时间、休息等在内的日常体验和非日常体验的地位颠倒了。

但是，除了前面所说的以"应试"为目的之外，也出现了孩子放学后不得不依赖补习班、兴趣班的情况。据的场康子的调查（2008），2008年的小学生放学后生活与其家长还是小学生时的放学后生活相比，出现了明显的逆转现象。2008年的小学生，其放学后的生活主要被电子游戏、补习班和兴趣班这三项填满。而在其家长的孩提时代，户外游乐活动是他们放学后生活的重心。现在的孩子放学后不在户外自由玩耍，而在类似前面提到的电子游戏、补习班、兴趣班等"被给予事物"中度过放学时光。这种逆转现象并不全是由"应试"引起的，还有想要让孩子玩耍却不能让其玩耍的现实因素。

早就有人提出孩子失去了"三间"（时间、空间、伙伴[①]的总称），但对家长来说，一些针对孩子的犯罪案件更让人觉得可怕。实际上，孩子受害的案件数与过去相比并没有明显的增加。滨井浩一与芹泽一也的研究（2006）显示，媒体过度地对涉及孩子犯罪的案件进行报道，这使得家长不得不提高警惕。由于这样的原因，越来越多的家长不让孩子放学后去公园等户外玩耍，而是在电子游戏、补习班、兴趣班中度过放学时光。

在这一点上，儿童保育院（课后儿童社团）、少年宫、课后托管班等为放学后的孩子提供能安全、放心且自主愉快地度过时光的环境，对于如今的孩子来说或许是必不可少的。

---

[①] 译者注：日语中"伙伴"写作"仲間"。

# ❸ 再谈非认知能力

## （1）非认知能力=构成"社交和情感技能"的要素

在本章中，我阐述了非认知能力、思考方面的能力、认知能力都是在学习中获得并提高的。此外，我还指出学习不仅是单方面的接受知识，将体验过的事物内化为经验并进行回顾的过程也是学习。因此，若能将各式各样的体验转化为各式各样的学习，那就能获得并提高认知能力、非认知能力等各项能力。

此外，我还提出体验不仅指非日常的、特殊的体验，日常生活中也存在各种各样的体验，将这些转化为学习是非常重要的。在此基础上，我把关注点放在了孩子的玩耍上。

接下来，我们就来重新思考一下有关非认知能力的事宜。非认知能力有两层含义，其一是难以用数值表现（认知）这一层面的"非认知"；其二是依赖于自己的情感、与他人间的相互关系（社会情感）这一层面的"非认知"。另外，OECD（2015）将这种非认知能力称为社交和情感技能，并倡导以下三种能力。以下表述是基于我自己的理解的，官方表述请参照第一章。

第三章　非认知能力的成长方式和培养方式

---

## 社交和情感技能框架

①**目标达成**：达成目标需要的技能
- 忍耐力：能够克制自己的欲望、冲动的能力
- 自我控制：能够控制自己的情绪、行为的能力
- 对目标保持热情：对目标怀有热情、欲望

②**与他人协作**：与他人协作需要的技能
- 社交性：能够与他人结成友好关系的能力
- 敬意：能够尊重他人的能力
- 同理心：能够设身处地为他人着想的能力

③**控制情绪**：能够积极地控制自己情绪的技能
- 自尊心：能够肯定自己的能力
- 乐观：能够乐观地看待各种事物的能力
- 自信：能够相信自己的才能的能力

---

这样列出来之后，我们就会发现，这是一种内心所需要的能力、在与他人的交往中所需要的能力、在什么情况下（包括不能预料的情况）都无法一概而论的能力。这也是一种难以用数值来衡量的能力……不过，以上提到的这些都是"社交和情感技能"的"典型"，若按照定义来看，非认知能力所包含的能力还要更多。另外，有时同一种能力也会有不同的称呼，如"能够忍耐的能力"和"忍耐力"。

此外，上面提到的①~③这三种社交和情感技能又分别是由三种能力构成的（比如，"①目标达成"是由"忍耐力""自我控制""对目标保持热情"三种能力构成的）。我们可以把其理解为"技能的构成要素"。这样一来，即使都是倡导类似①~③这样的

技能，有时也会出现因倡导人不同导致对构成要素的定位不同的情况。比如，有人会主观地认为"③控制情绪"的要素"乐观"也是"①目标达成"中必不可少的，应把其放在①的构成要素中。

从中我们也能体会到，由于这些技能属于非认知能力，因此很难制定一个明确的标准（容易受主观影响），也就无法用数值来表现对某种能力的评价，所以"最近学会忍耐了"这类评价一般都是比较主观的。

## （2）评价非认知能力

基于这样的情况，为了更客观地对非认知能力进行评价，如今大概已经有人在进行了不起的研究了吧。顺便说一下，现阶段大部分教育场所采用的评价方法主要是表现性评价、评价量规（Rubric）。为了了解孩子获得和提高非认知能力的情况，表现性评价将表面能看到的（可视的）言行作为评价要素。评价量规是一种对各评价要素分阶段进行评价的方法。

以忍耐力（能够忍耐的能力）为例。首先，在大家一起听讲的场合，规定以"安静地坐五分钟"为目标。在设置目标时，像这样设置得易于理解（易于观察、易于评价）比较好。接着，设置五分钟、四分钟、三分钟等阶段，甚至还可以设置"能够坐着（之后即使做不到安静地坐着也无所谓）"的阶段。通过阶段设置的方式，我们能够对孩子的忍耐力情况进行评价，就不必笼统地作出"那个孩子没有忍耐力"这样的判断了。通过这种方式,像"那个孩子确实不能安静地坐五分钟,但坐一分钟还是可以的""虽然不能安静坐一分钟,但至少能够坐着"这样,我们就能根据情况对孩子的忍耐力作出肯定的评价(对孩子做得到的事情进行评价,而不是对孩子做不到的事情进行评价)。

在学校以外的场所,也会存在对评价抱有抵抗心理的情况,但我认为这种评价是有利于孩子能力的获得及提高的,同时也有利于提高教育者的教育质量。这是因为这种评价方式不会任由评价模棱两可,不会按照"我总觉得那个孩子变了"去把握孩子的情况,而是能够认真分辨出那个孩子如今进步到能把某事做成几成,并思考为了让孩子做好下一件事应该给予怎样的帮助。

## (3)明确非认知能力的构成要素

在此,建议大家可以梳理一下我之前介绍过的比较抽象的非认知能力构成要素,然后将由这些要素表现出来的言行具体分解为若干项希望能做到的事(下切法)。以图3-3中"自主性"这一很抽象的非认知能力为例,我来向大家介绍一下它是如何被"下切"的。当然,这对于普通的家长来说可能有些难度,但我希望专门从事帮助孩子获得并提高非认知能力工作的朋友能够试一试这种方法。

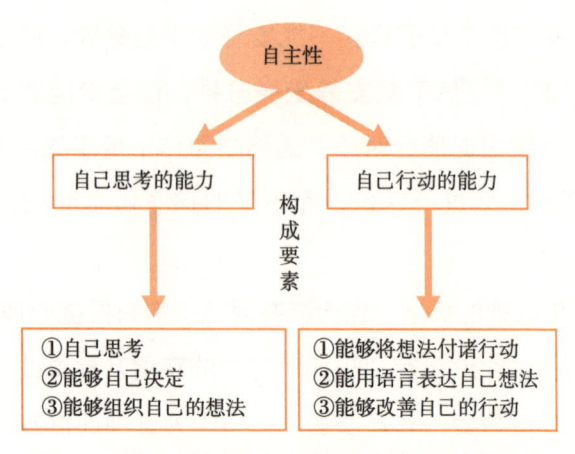

```
                    ┌─────────┐
                    │  自主性  │
                    └────┬────┘
              ┌──────────┴──────────┐
              ▼                     ▼
     ┌────────────────┐    ┌────────────────┐
     │  自己思考的能力  │ 构  │  自己行动的能力  │
     └────────┬───────┘ 成  └────────┬───────┘
                       要
                       素
              ▼                     ▼
     ┌────────────────┐    ┌──────────────────────┐
     │ ①自己思考        │    │ ①能够将想法付诸行动    │
     │ ②能够自己决定    │    │ ②能用语言表达自己想法  │
     │ ③能够组织自己的想法│    │ ③能够改善自己的行动    │
     └────────────────┘    └──────────────────────┘
```

图 3-3：将自主性分解为具体的能力构成要素的例子

出处：《新时代学龄儿童保育实践》，鸭川出版社

## （4）有关独创的非认知能力

在这里，我还想提出独创的非认知能力这一概念。但是，在此之前我想先整理一下非认知能力、自我认同感（自我接纳）、认知能力、思考方面的能力等的整体关系。

在第二章中，我将能够接受自己存在的这种自我认同感（自我接纳）与非认知能力进行了区别阐述，指出自我认同感是各项能力形成的"地基"。此外，在第一章中我还讲到思考力、判断力、表现力等"思考方面的能力"，既有可能被定位为认知性的知识、技能，又有可能被定位为非认知能力。此外，"思考方面的能力"还是负责连接认知方面的知识、技能与非认知能力的中间能力。这些能力的整体关系大概是图 3-4 这样的。

## 第三章 非认知能力的成长方式和培养方式

**认知能力：**
能够用数值衡量的
（认知方面的）知识、技能

**思考方面的能力（中间能力）：**
起着连接非认知能力与认知能力的作用
（思考力、判断力、表现力等）

**非认知能力：**
面对自己的能力、
提高自己的能力、
与他人连接的能力

**自我认同感（自我接纳）：**
能够接受自己的存在

图 3-4：从自我认同感到认知能力的"全景图"

在了解了这幅"全景图"以后，我们就能清楚明了地知道非认知能力与认知能力之间的关系了。实际上，当我们自身情绪不稳定时，认知能力的获得与提高也会受到负面影响，因此控制情绪的能力（面对自己的能力）是必不可少的。同样地，想要进一步获得并提高认知能力的欲望、上进心（提升自己的能力）也是必不可少的。另外，要想与他人一起得到凭自己一人很难获得并提高的认知能力，与他人协作的能力（与他人连接的能力）也是必要的。

也就是说，提高非认知能力有助于提高各类认知能力以及处于两者中间位置的思考方面的能力。反过来说，自我认同感（自我接纳）自不必说，若非认知能力不扎实，认知能力、思考方面

· 083 ·

的能力大概也会出现问题。

接下来，就让我们进一步聚焦非认知能力。前面也说过了，对于非认知能力，既然存在 OECD 用社交和情感技能对其进行解释的方式，那不同的人，不同的认定标准，不同的园所（包括托儿所、幼儿园）、学校以及别的教育机构对其的解释大概也都是各异的。

一般来说，他们都会在各自提倡的教育理念基础上，对非认知能力进行具体分解并进行整理。因此，从图 3-6 就能看出来我个人所定义的非认知能力与社交和情感技能之间虽存在共同点，但也存在不同点。

但是，正如图 3-4 所示，在回顾社交和情感技能等各式各样的非认知能力的过程中，就会发现它们都包含三大类具有共同点的能力，即"面对自己的能力（能够控制自我内心情绪等的能力）""提升自己的能力（能够凭借自信、进取心等启发并提升自己的能力）""与他人连接的能力（能够与他人沟通并进行协作的能力）"，这三种能力虽然看似不同但实际有许多重合之处。如果将 $x$ 轴设为"面对自己的能力"，将 $y$ 轴设为"提升自己的能力"，将 $z$ 轴设为"与他人连接的能力"，如图 3-5 所展示的那样，我们可以用三维立体图形将每个人具有的非认知能力表现出来（按照自己大概的能力高低来定各坐标轴的点，再将这些点连接起来而形成的立体图形便是自己非认知能力的"全景图"）。

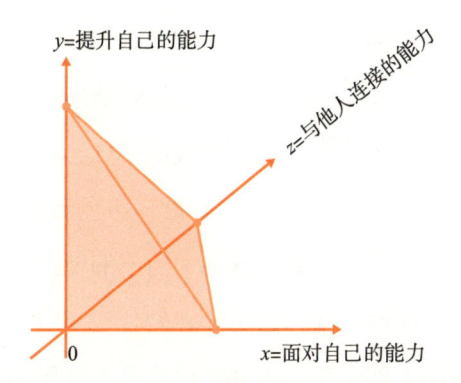

图 3-5：用 x-y-z 轴表现的非认知能力"全景图"

基于这三种能力的共同点，我提出了如图 3-6 所示的我个人定义的非认知能力这一概念。

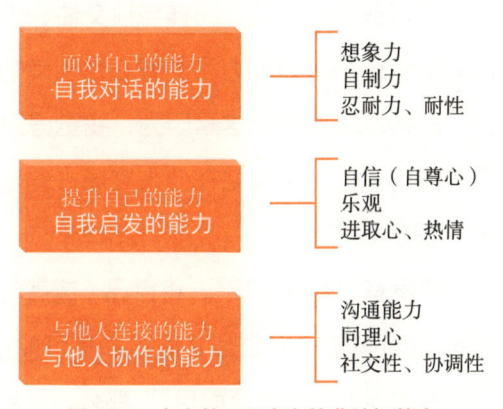

| 面对自己的能力<br>自我对话的能力 | 想象力<br>自制力<br>忍耐力、耐性 |
| --- | --- |
| 提升自己的能力<br>自我启发的能力 | 自信（自尊心）<br>乐观<br>进取心、热情 |
| 与他人连接的能力<br>与他人协作的能力 | 沟通能力<br>同理心<br>社交性、协调性 |

图 3-6：中山芳一所定义的非认知能力

第一种是"面对自己的能力"，即"自我对话的能力"，这是一种在自己的内心与自己进行对话的能力。提高自我对话的能力有助于思维变得更活跃，因此与开导自己、控制情绪从而获得并提高自制力紧密相关，也会促进忍耐力、韧劲（应变能力）的获得与提高。不仅如此，人们与自己进行对话还有助于进行范围更广、深度更深的想象，因此与想象力也息息相关。

第二种是"提升自己的能力"，即"自我启发能力"，这是一种启发（促进认识与理解更为深刻）自己的能力。在社交和情感技能中，这与"调解情绪"有重合之处，但"自我启发能力"给人一种更积极向上的感觉。因此，这种能力是由自信、自尊、乐观、进取心、热情等要素构成的。

第三种是"与他人连接的能力"，即"与他人协作的能力"，这是一种促进与他人协作的能力。这与社交和情感技能中"与他人协作的能力"有很多重合之处，同样与社交性、协调性息息相关。此外，在这里我还将沟通能力和同理心也明确列入了"与他人协作的能力"的构成要素中。这是因为，我觉得只有拥有了与他人进行意见沟通的能力，以及站在他人立场去理解他人的同理心，才能够做到与他人进行协作。

非认知能力并没有"标准答案"，将自己（或者各机构）希望培养的非认知能力明确转化为语言之后，才有可能让难以观察、难以测量、不明朗的能力"露出真面目"。那么，大家想让自己的孩子或是自己获得并提高的非认知能力是一种怎样的能力呢？

# ❹ 养成内省的习惯有利于提高非认知能力

## （1）【用量 × 质进行内省】的方法

此前我也已经强调多次，无论是日常的体验还是特殊的（非日常的）体验，我们都能从中获得并提高非认知能力以及其他各种能力。并且，若我们能够充分地对这些体验进行内省，那最终我们便能将其转化为学习。那么，"充分地进行内省"又是一种怎样的内省方式呢？

英语中"内省"是"Reflection"。实际上，有一位叫唐纳德·舍恩（Donald Schon）的美国学者对"内省（Reflection）"进行了研究。舍恩将"内省"分成几类，其中，他特别关注的是"行为结束后的内省"和"行为进行中的内省"。前者很容易理解，"行为结束后的内省"即在完成体验后进行内省，几乎所有人在平常生活中都会内省过去，发出类似"那时候真是 ×× 啊……"的感叹。希望大家在体验结束后，能经常进行这种"行为结束后的内省"。这样就能养成内省的习惯，就有可能完成量（次数）上的积累，这是在"量"的层面做到"充分内省"。但是，仅凭这些是不够的，还需要从"质"的层面做到"充分内省"，从而进一步将体验转化为学习。如图 3-7 所示。

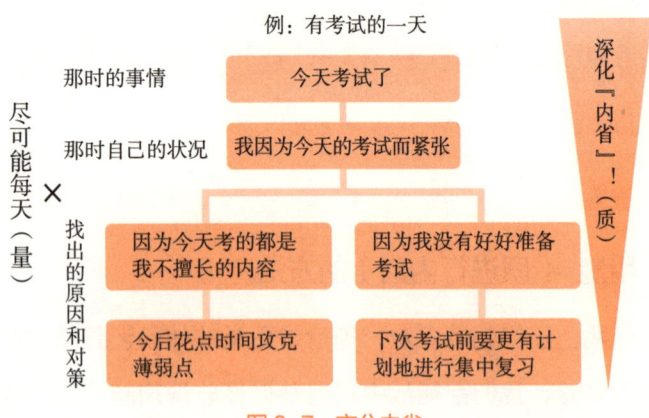

```
例：有考试的一天

尽                那时的事情        今天考试了                    深
可                                                              化
能              那时自己的状况    我因为今天的考试而紧张          『
每          ×                                                    内
天              找                                               省
（              出       因为今天考的都是    因为我没有好好准备   』
量              的       我不擅长的内容      考试                 ！
）              原                                               （
                因                                               质
                和       今后花点时间攻克    下次考试前要更有计   ）
                对       薄弱点              划地进行集中复习
                策
```

图 3-7：充分内省

这张图片展示的是完成考试这一体验后的"内省"。这个"内省"是从"今天考试了"开始的，但若仅停留于这一层面，那只不过是对这一事件进行的内省。这会让人不由自主地想要去问"所以呢？"。若从这个事件出发，再进一步内省，就有了"我因为今天的考试而紧张"。这是在用语言对自己在体验中的状况、内心活动进行内省。不仅对发生的事情进行内省，还对当时自己的所思所感进行内省。再进一步深化"内省"，就会用语言对原因也进行内省，如"因为今天考的都是我不擅长的内容""因为我没有好好准备考试"。

之后，还要针对这些原因去思考相应的对策，这是在总结今后学习时要注意之处。像这样，通过深化"内省"的质量，从而做到将体验转化为经验、再转化为学习。反过来说，仅内省发生的事件很难做到将体验转化为学习。若能做到在"质"的层面也充分内省，再加上不断在"量"的层面进行积累，就能从平日里各式各样的体验中得到学习，从而促进各类能力的获得与提高。从这一点来说，我强烈建议孩子们每天写日记，这也是养成"量 × 质的内省"习惯的有效方法。

## （2）"量 × 质的内省"所带来的东西

舍恩指出，在充分地进行量的内省以及质的内省的过程中就有可能完成"行为进行中的内省"。请大家看图 3-8。

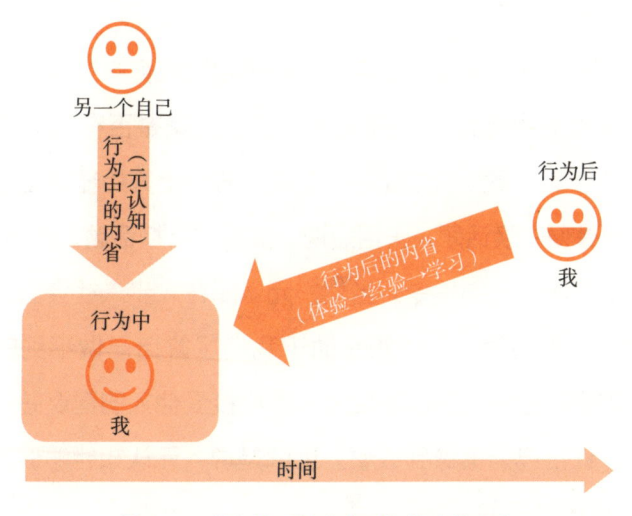

图 3-8：从行为后的内省到行为中的内省

如图所示，行为中的内省是指行为进行中的内省，即在做某事的过程中了解（内省）自己、他人以及当时情况的状态。若能够进行这种内省，那"另一个自己"就可以发出指令，调整当时自己的言行。为了"制造"出在过程中进行内省时出现的"另一个自己"，就有必要充分地在量和质这两个层面都做好行为后的内省。

这种由"另一个自己"所完成的过程中的内省（包括给自己下指令、调整）被称为"元认知（Metacognition）"。"Metacognition"中的"Meta"是"超过"的意思，表示超越自己的"另一个自己"从其他视点来了解自己、他人以及当时的情况。也就是说，"量×质的内省"不仅能丰富学习的内容，还能促成人进行元认知。

若能够进行元认知，那不仅有利于学校教育中的学习，也有利于日常生活中与他人进行交流沟通。大家是否有过这样的经历——在与某人聊天的过程中，发现对方脸上开始显露出无聊的表情，于是便转换话题，长话短说。其实"转换话题、长话短说"就是元认知所作出的指令。当然，元认知在人步入社会后也是很重要的，这是因为，元认知有助于我们了解自己做不到的事以及做到该事的方法，在此基础上，虚心接受他人的建议并不断进行调整以让自己能够做到该事。也就是说，元认知能够促进我们"知己（认识自己）"。

## （3）21世纪的学习者所需要的"元认知"是什么

顺便说一下，位于美国的课程再设计中心"CCR"（第一章中也提到过）在其提出的"面向21世纪学习者的四维教育"中也谈到了元认知的重要性。

同时，在日本文部科学省2018年出台的《面向5.0社会的人才培养——社会在变化，学习也在变化》中，也提到："在选拔新生时，不仅要考查学生狭义的学习能力，还应该对照各学位项目的特点，考查学生的自主性、协作性、自我调整能力等元认知能力，以及与他人感同身受的能力等。"从中我们很容易看出，今后的教育会越来越需要元认知能力。

因此，我们有必要认真探讨今后该如何帮助孩子获得并提高元认知能力。本节介绍的内省就是帮助孩子获得并提高元认知能力的方法之一。

# ❺ 大人与孩子的相处之道

## （1）大人与孩子的相处之道没有标准化指南

在本章的最后，我想就大人与孩子的相处之道来谈谈我的想法。虽然此次我和大家分享的主要是与小学生（儿童期）的相处之道，但我希望大家在孩子其他发育阶段也能充分运用这些方法。

不过，我并不打算和大家分享谁都能做到的、类似指南的东西。比如，大家对于"无论何时都请称赞孩子"这样的指南应该会感到很奇怪吧。当然我也明白，比起否定孩子，自然还是肯定孩子的效果更好。但是，根据孩子的情况以及与孩子关系的不同，有时比起得到例行公事式的称赞，孩子更希望大人能够明确指出自己需要注意的地方，或是能够展露出情绪化的一面。

此外，对于"与孩子说话时，请与孩子的视线高度保持一致"的说法也是一样的，实际上，也存在"与孩子视线高度保持一致更好"和"与孩子视线高度不保持一致更好"这两种情况。

像这样，若将大人的言行举止作成千篇一律的指南，那大人就很难根据当时的情况采取合适的与孩子相处的方式。诚然，若将与孩子的相处之道汇编成指南，我们可能会轻松许多，但是这也会妨碍大人在自己思考的基础上与孩子相处，更会妨碍大人帮助孩子进一步获得并提高各种非认知能力。

接下来，我会与此前介绍过的我个人定义的非认知能力进行对照，就大人与孩子的相处之道谈谈我的想法，但我想与大家分享的不是指南式的东西，而是更基础的能够适用于各种情况的与孩子相处的方法（对与孩子相处之道的想法）。

## （2）提出六条与孩子的相处之道

### ①给孩子提供与自己面对面的时间和环境

举个例子，发呆的时间也是孩子与自己进行对话、面对自己的重要时间，请大人不要理所当然地觉得发呆只会浪费时间。这与《儿童权利公约（关于儿童权利的条约）》第 31 条"与休息、玩耍等相关的儿童权利"也密切相关。阻碍孩子发呆不仅侵害了孩子的权利，还会阻碍孩子获得并提高非认知能力。此外，我在讲有关内省的事情时向大家介绍的写日记等与发呆一样，都是孩子与自己进行对话的绝佳机会。这在培养孩子"自我对话能力"中是非常必要的。

### ②把孩子当作有独立人格的个体来看待，鼓励他们自己做选择、决定

不要把孩子当作孩子来看待，要把孩子当成与单位同事、周围的大人一样具有独立人格的个体，与孩子进行有逻辑的对话。此外，不要把自己的意愿强加在孩子身上，尽量鼓励孩子自己做

选择、做决定。另外，让孩子自己做决定就意味着必须接受孩子说"不"。无论是对孩子来说，还是对大人来说，能够用自己的语言明确地说"不"也是一种很重要的能力。这也与孩子的思考和想法密切相关，因此是培养"自我对话能力"中必不可少的一环。

**③不与别的孩子比成就、才能，在孩子努力的过程中发现其价值**

这与此前所说的"Grit"的思维方式是一样的。不去与谁进行比较，而是在孩子努力的过程中发现其自身发生的改变。希望大人可以发现孩子不断努力这一过程的价值，并与孩子一起分享。这与孩子的自制力密切相关，因此也是培养"自我对话能力"必不可少的一部分！另外，这还与孩子的自信、进取心相关，因此也是培养"自我启发能力"必不可少的一部分。

**④用灵活多样的思维方式去认识孩子，而不是用固定、片面的思维方式**

曾有段时间我们常能听到"独一无二便是第一"这样的说法，对此我深有同感。但是，我希望大人可以在孩子身上发现更多的第一（独一无二），而不是仅把目光局限于某特定领域的第一。若大人对孩子能够做成某特定的事情抱有过高的期望，就会仅用这一标准来评价孩子是否是第一（独一无二），那对于孩子来说是非常不幸的。这是因为有时大人会被自己对孩子的期待所束缚，从而发现不了孩子在别的方面的第一（独一无二）。要是大人能够先转变观念，用更加灵活多样的标准评价孩子，那就能让孩子获得更多第一（独一无二），同时，孩子的"自我启发能力"也能够得到提高。

**⑤大人积极表现自己的快乐、温柔体贴以及烦恼**

仅用语言告诉孩子"再开心点！""再温柔体贴些！"是没用的。正如"学习，从模仿开始"这句话所说的那样，对于孩子来说，身边的大人快乐、温柔体贴是最重要的现实体验。另外，我觉得除了向孩子展示自己积极的一面外，或许也能与孩子分享烦恼（当然，这也依内容而异）。比如，不以"注意……"的方式提醒孩子，而是用"我现在很烦恼，所以希望你……"的方式向孩子传达同样的意思，这两种传达方式就大不相同。这与乐观等"自我启发能力"以及与他人建立关系的能力紧密相关，因此也有助于孩子"与他人协作能力"的培养和提高。

**⑥不仅"居高临下"地对孩子说"真厉害啊！""不行"，也要与孩子"平起平坐"，对他们说"谢谢""对不起"**

孩子和大人往往是垂直关系——养育者和被养育者。我希望大人在把孩子当成拥有独立人格的个体与之相处的过程中，能够与孩子建立平等的关系。当然，大人站在大人的立场，称赞孩子、提醒孩子也是有必要的，但与此同时，站在与孩子平等的立场，同孩子说"谢谢""对不起"也是非常重要的。因为这与年龄、立场无关……与孩子建立这种关系也是培养其"与他人协作能力"必不可少的一部分。

　　我提出了以上六种与孩子的相处之道（与孩子相处方式的思考）以及与此相关的非认知能力，希望这些内容能有助于大家与孩子的相处。

## 第三章　总结

- 人会将体验过的东西内化为经验，然后通过进一步内省经验得到新发现、新教训，从而将经验转化为学习。

- 体验并不需要经过特别的准备，日常生活中发生的各种各样的事情都是体验。因此，在日常生活中内省，将体验转化为经验、学习至关重要。

- 衡量难以测量的非认知能力，我建议对能从表面观察到的言行进行评价。不过，为此我们需要对想从孩子身上挖掘出来的非认知能力进行具体分解，在此基础上，设置若干阶段再加以评价。

- 若能设置具体的阶段进行评价，就不会笼统地做出类似"得到了发展、未得到发展"这样的评价了。另外，若能像"虽然在这一阶段没做到××，但在这一阶段做到了××"这样评价，从肯定的角度去把握孩子的现状，会有助于孩子步入下一阶段。

- 每日的内省不仅需要次数的积累，深化其质量也很重要。我们需要针对所发生的事件，回顾当时自己的所思所想，思考接下来的对策。养成内省的习惯有助于获得并提高未来时代越来越需要的元认知能力。

- 非认知能力并没有固定的模板，也能有自己的"定义"，我们需要把重要的东西用语言表达出来！此外，大人需要给予孩子适当帮助以挖掘出孩子的这种能力。

# 第四章

## 培养非认知能力的实例
——大人的挑战——

## 指南

在第一章到第三章中，我谈到了非认知能力的概念、非认知能力为何现在备受瞩目、培养孩子（特别是在小学生所处的儿童期）非认知能力的方式等。特别是在第三章中，我与大家分享了包括大人应该如何做在内的相关建议。

但是，无论单个大人如何努力，能做到的事情仍旧是有限的。为此，一些大人们联手合作，通过创立组织、机制、项目（包括教材）等形式一起努力也是很有必要的。实际上，已经有大人开始致力于帮助孩子获得并提高非认知能力的事业，对此，我感到很庆幸。

本章我将为大家介绍大人为培养孩子的非认知能力而有组织进行的挑战。另外，我会主要介绍学校以外的活动，而不是学校教育，也就是所谓的孩子们放学后（必修课程以外）的活动。比如，作为放学后孩子的"生活地"与"游乐场"的课后托管班（放学后儿童社团），为培养孩子的非认知能力都做了些什么？我在第一章中就对此略有提及。再比如，若着眼于非认知能力，那此前以提高认知能力为目的的兴趣班又能做些什么？若新创立以培养非认知能力为目的的独家模式，又能做成些什么？另外，由于无论是在学校还是放学后都能培养非认知能力，那是否有让两者进行结合的方法呢？为培养今后越来越需要的元认知能力，为让孩子养成量 × 质的内省的好习惯，大人可以给孩子提供怎样的帮助呢？大家知道吗，实际上有不少大人已经开始着手寻找这些问题的答案了。

在这里，我也想和大家谈谈不再纸上谈兵的、为提高孩子非认知能力而已经采取行动的大人们所进行的挑战，我希望这些活动能为大家提供参考。请大家一定要继续往下读！

# ❶ 在放学后的住处和学习场所培养非认知能力
## ——幼儿园和小学（放学后儿童社团）的挑战

### （1）从个人的居所向大家的居所转变

未来，我们越来越需要与形形色色的人进行协作，因此，非认知能力中的"与他人协作的能力"便被提了出来，为此就需要拥有与各式各样的人建立联系的体验和经验。无论大人如何高呼"与各式各样的人建立联系吧"，若孩子没有实际的体验和经验，就有可能止步于"听到"这一层面了。

"包容"这一思维方式是培养"与他人协作能力"的关键。这种思维方式常出现在特殊教育中，其中心思想是无论是否有发育障碍，共建许多人能够一起生活的场所。不应该把有发育障碍的孩子与其他孩子"隔离"开来、在其他地方对其进行教育，而是要创建一个承认多样性、无论孩子是否有发育障碍都能够让他们在同一地点接受教育的居所。

作为放学后的生活场所与游乐场所的小学托管班就更需要这

种思维方式。然而事实上，日本目前虽有超过 2.5 万所小学托管班（放学后儿童社团），但鲜有能够真正做到包容的。若放学后，各个场所都能够做到这种包容，那孩子从儿童期起就能从与众多小伙伴各显优势、互补弱势的体验和经验中掌握非认知能力……

接下来，我就给大家介绍一下在这一大背景下，每天都在尝试创建上述居所的实例——位于日本滋贺县湖南市的"放学路上俱乐部（以下简称为俱乐部）"。田中一将是俱乐部的主任辅导员，他旨在创建一个符合每个人状况、需求且物质环境和人员环境两方面都是经过"合理考虑"的具有包容性的小学托管班。

比如，在物质环境方面，运用白板、联络板记录日程安排、联系事项、讨论时存在的争论点等，努力将难以用眼睛捕捉到的内容可视化。此外，为让孩子能够自己收纳玩具等物品，在架子、仓库处用标签贴纸等进行了标注（不能分得过于细致）。同时使用指针式时钟和电子时钟（照片 4-1），采用图表、表格来公布精心设计的游戏、活动的安排，做到易于孩子理解、方便孩子生活（无论孩子是否有发育障碍）。此外，在运用这些工具的基础上，还在设备设施上下了很多功夫。比如，若发现光、声音、味道、温度等可能给孩子带来不适，就尽快采取措施消除或调整；为不适应集体生活的孩子准备设施完善的单人间（照片 4-2）、人数少也能够使用的空间。

【照片4-1】　　　　　【照片4-2】

在这些方面下工夫并不是辅导员（大人）的"一厢情愿"，通过交流沟通，郑重地将所做工作的理由、意图传达给孩子并得到孩子的认同是非常重要的。辅导员所做的一切并不单纯为了推动物质环境方面的工作，孩子通过理解辅导员所做工作的理由和意图，明白了存在着与自己不同的孩子（比如，对于一件事，虽然自己并不在意，但有的孩子却对此很在意），便会逐渐能够承认人员环境的多样性，若无法建立起能够承认多样性的关系（人员环境），那就无法做到包容。

接下来，就和大家分享一下田中的实践报告。

## 创建扎根于"心、依据、机动能力"的居所
### 田中一将

请大家理解一下孩子吧！在对过去这种单方面的互动进行反思的过程中，了解孩子真正的困扰并与孩子进行沟通以创造出让

其能畅快舒适生活的场所。在此基础上，大家开始意识到让孩子自身"认同"的重要性。但是仅靠一般的手段是行不通的。此前，三年级学生小泰（化名）备受大家关注。有一次，男生和女生就小泰之事展开了激烈讨论。之后，孩子们便认识到，对于小泰来说加入这场讨论是个极大的挑战，孩子们便对小泰说道："小泰，你真是很努力了。"这一句话便让激烈"交战"的孩子们不再对小泰那般关注了。这件事对我的触动很深。

爱子（化名）是一名患有自闭症的孩子。二年级时，她与同学进行了第一次对话，当时她问对方："褐色脂肪细胞是不是有助于加速脂肪燃烧？"在进入小学高年级后，她与妈妈（单亲妈妈）的关系开始恶化，并不停地在学校和托管班开小差。我和她单独谈话时，当听到我说："你大概是想拥有更多的朋友吧。"她开始放声哭泣。直到这时，她才一边流泪一边吐露心声："你为什么会知道？！"从这件事中我明白了，爱子正是因为想要与他人建立联系才会苦恼于自己与他人不一样。

同样被诊断出有自闭症的三年级学生浩二向我倾诉，"我无法做到和别人一样""我内心都快抓狂了"。暑假时，他尝试了极其不擅长的爬山，没想到，周围的孩子都被他的努力所打动、不断鼓励他，这在以前是未曾有过的。并且，其他的孩子还从他一边哭喊一边向前冲的身影中感受到了勇气。与大家并肩登上山顶的那个场景对于他以及周围的孩子来说都是极其特别的体验。

"包容"一词听起来很干净利索，但我觉得"包容"并不是仅靠"孤军奋战"就能做到的。这个词语的本质是认真接受孩子的生活实态,摸爬滚打地走过闻所未闻却又平凡漫长的六年的大人的觉悟;使容易被周围"要特殊对待那个孩子"这一狭隘观点禁锢的孩子们转变观念,站在尊重基本人权的视角,给予"那个孩子""最低限度的关怀",并与其同思考共实践的行为。我觉得这就是大人、孩子各自重新审视自己这一存在、进行自我革命的"重逢"的过程,自觉地把一个人的问题当成大家的问题!此外,不能将此视为负担,要将此视为身边很普通的存在。我觉得包容对于大人、孩子来说是连续的挑战,需要冷静分析"那些孩子"为什么会不得不做出这样的言行举止,为什么所困扰,需要把握科学的"依据"。

我们能够通过WISC儿童智力量表等发育情况测试来了解孩子的发育情况,因此可以请求家长告诉我们测试的结果并在员工内部进行信息共享,再由家长和员工认真讨论现状、具体对策等,并将其作为推动工作的关键。如果只是盲目地、情绪化地想要理解他们、帮助他们反而会让他们更加困惑。我曾亲身经历过这样的事情,对此深有体会。对策方针成型后就要迅速将其付诸实践("执行力")。除了与家长进行合作,很多时候还会参考学校、地区提供的信息,因此与相关机构的合作也是必不可少的。创建包容性的居所,我深感这取决于大人驱动"心、依据、执行力"的姿态,而"心、依据、执行力"正是建立在大人对这项事业的"自信心、自豪感、使命感"之上的。

> 菩提寺小学托管班放学路上俱乐部
> 地址：520-3242 日本滋贺县湖南市菩提寺 2093-397
> 主任辅导员：田中一将

## （2）从被动进行新体验到主动想进行新体验

在前一章中我提到让孩子进行新体验是十分重要的，但是，我并不是让大人单方面地不断强迫孩子去进行新体验，不过也不能否认，若大人完全不插手，孩子很难遇到新体验。若是在以前，各地区有不同年龄段的孩子群体，游戏等各种各样的体验都会得到传承，因此大人放手让孩子自己去体验或许会更好，但是仅仅这样又是不行的。也就是说，大人既不能单方面地强迫孩子去进行新体验，也不能完全放任孩子不管……大人要如何为孩子创造与新体验"相遇"的机会呢？即使大人没有强迫孩子去体验，只是建议孩子可以尝试去体验一下，那又要如何做才能让孩子想要继续这种体验，下次还想进行这种体验呢？接下来我就介绍一个直面这些问题，已开始有所行动的实例——位于日本爱媛县松山市的"多功能学龄儿童广场茁壮广场"（以下简称茁壮广场）。

负责人丰田开吏在茁壮广场中积极开展与他人建立联系的方法——"运动指导"。这种"运动指导"每周会有两次，每次大约持续一个小时。孩子可以在其中体验到各式各样的运动，这种运动指导看起来非常像民间小学托管班向家长提供的附加服务，但实际上并非如此。茁壮广场的目标是让孩子自己"想要尝试"其建议的新运动体验，而不是让孩子"被迫去体验"。我觉得这是一个非常有意思的挑战。

茁壮广场为了不让孩子有"被迫去体验"的感觉，以"确保孩子在没兴致尝试体验时能够得到充分休息"为宗旨。此外，称运动指导为"修行"，与孩子共享这一点也很有特色。虽说是运动指导，但其主要目的是建立孩子与孩子之间的联系（人际关系），而不是单纯为了提高孩子的运动能力。为此，除了注重促进同年级学生之间的关系，茁壮广场还非常注重高年级学生与低年级学生之间的关系，从而促进高年级学生获得并提高领导能力。

为在不同年龄段间建立起联系，就有必要让不同年龄段的孩子一起参与"修行"，也就是纵向分组。但是，茁壮广场在此处"碰壁"了，这是因为年级不同，其运动水平也大不相同，这成为了茁壮广场员工之间主要的争论点。若注重运动水平的有效提高，则将同年级进行分组比较有利；但若注重刚才所说的孩子之间的联系，则将不同年级的孩子进行纵向分组比较有利……据说在员工激烈地争论后，茁壮广场决定偏重于后者（联系）。

但是这以后，又出现了新问题。要进行纵向分组，就必须准确掌握每个孩子的运动水平，在分组时能尽量保证其均衡性。另外，在决定进行何种运动方面也需要下工夫。比如，单杠、赛跑这类运动项目取决于个人的运动能力，一个人就能完成，无法促进孩子之间建立联系，这样就会出现本末倒置的问题。于是，茁壮广场经过研究，决定向孩子提供即使不擅长运动，只要与同组伙伴一起合作便能在其中感受到乐趣的运动项目。相信大家也感受到了，该儿童广场希望通过"运动指导（修行）"来培养孩子"与他人建立联系的能力""乐观"等非认知能力。明确了这一目的之后，其分组以及方案制订就有可能是为获得并提高非认知能力服务的，而不是为提高运动能力（易用数值衡量的认知类能力）服务的。这样一来，员工进行评价的要点也随之明确了。实际上，相较于输赢，茁壮广场在评价时更看重为他人加油呐喊、提供建议、互相帮助这些要点（照片4-3）。据说在采用这种方式后，就再没出现过孩子责怪输掉比赛的队友的情况了。孩子也在"修行"中明白了什么是重要的。

照片4-3：相较于提高运动能力、区分胜负，评价时更注重为他人加油呐喊、提供建议、互相帮助

这种运动指导不勉强对此不感兴趣的孩子参与，以尊重孩子拒绝的权利为前提，从而确保了参与其中的孩子都是自愿的。此

外，这种运动指导既重视提高易于用数值衡量的运动能力，也以促进孩子获得并提高"享受""联系"等非认知能力为目标进行分组、评价，从而明确地向孩子传达了想要其重视的东西。实际上，最初因不擅长运动而拒绝参与，但现在却最喜欢到户外"修行"的孩子正在不断增加。能够享受其中、与伙伴建立联系……正是这种专为培养非认知能力设计的活动，使得孩子开始觉得是自己主动"想要尝试"新体验，而不是被迫进行新体验。

> 多功能学龄儿童广场茁壮广场
> 地址：790-0867 日本爱媛县松山市北立花町 6-19
> 负责人：丰田开吏

## （3）活用"计划、行动、学习"笔记

我来介绍最后一个小学托管班的实例。小学托管班常被认为是放学后孩子生活和玩耍的场所，因此大家觉得孩子在那儿只要自由愉快地做想做的事（只要不反社会）便够了。当然，这种想法也是没错的，小学托管班的确致力于让孩子能够充分享受发呆等的时间。但是若大人要在孩子放学后能做想做的事上提供专业帮助，就需要具备目的意识，明确想要培养孩子的何种能力（非认知能力）。同时，还有必要对大人最终帮助孩子获得了怎样的能力进行评价。

孩子按照自己的意愿，计划放学后的时间并将其付诸行动，

第四章　培养非认知能力的实例——大人的挑战——

然后对此进行内省，托管班对孩子获得的成长进行评价并告知家长。接下来，我就介绍一下建立了这样的机制并正在积极开展相关活动的实例——位于日本冈山县冈山市的"AMI 学龄儿童保育中心（以下简称 AMI）"。

《PAL 笔记》是 AMI 独自开发并使用的教材。正如第三章我介绍的每个孩子可以进行 PDSA 循环那般，提取"Plan：制订计划；Action：付诸行动；Learn：进行学习"中三个英文单词的首字母，将其命名为《PAL 笔记》。AMI 制作的个人笔记本内设计了专门的方框供孩子填写有关 Plan 和 Learn 的内容。也就是说，需要将制订的计划和学习到的东西（内省）用语言表达出来。孩子们从文字表达能力还不太行的一年级起就每天借助 AMI 制订计划、对学到的东西进行内省（但是，由于时间的原因，孩子在放学后一般只做 Learn 的部分，在暑假等全体放假的时间再补充 Plan 的部分）。

运用《PAL 笔记》，孩子可以对每日之事进行内省，还可以在自由活动时间根据自己的意愿制订计划。另外，由于还有 AMI 全体的活动，因此在将这些全体活动列入自己日程安排的基础上，将自己想做的事情写入《PAL 笔记》。若要与小伙伴一起做某事，在填写笔记前需要和伙伴们进行沟通。先和伙伴说好"今天 4 点我们一起玩捉迷藏吧！"之后再将此作为今日计划写入笔记本中。当然，并不是完全能按照计划进行。在此基础上，养成从计划到内省的习惯并在第二天就能运用所学，这样的"装置 = 教材"便是《PAL 笔记》。图 4-1 就是一个孩子写的《PAL 笔记》。

## A.M.I学童保育センター　ぱるノート　8月3日(金)

### 今日はなにする？　どうする？

(Plan)

| 9時 | 朝の会 |
| 9時30分 | 宿題 |
| 10時 | クッキング☆「シチュー」 |
| 12時 | お昼ごはん |
| 1時 | 休けいタイム |
|  | Y.M.C.Aの練習 |
|  | ◎高学年は第二で練習 |
| 3時 | おやつ |
|  | そうじ |

| 4時 | ゆいのとももかとななみとかくれんぼをする |
| 5時 | 帰りの会 |
|  | ぱるノート |
|  | 室内ドッチ |
| 7時 | 帰る |

おとまり☆
☆ほいく

### 今日はなにした？　どうだった？

(Learn)

今日はかくれんぼができませんでした。できなくてくやしいです。クッキングは私のはんがしました。シチューのこなを入れすぎてしまったけれどおいしくできてとてもうれしかったです。一番うれしかったのはY.M.C.Aの練習です。私は今日がはじめての練習でよく分からなかったけどみんなが教えてくれたのでできました。ももかとゆいのにほめられてうれしかったです！今日はおとまりほいくがあります。花火が楽しみです。きもだめしがちょっといやだけど、がんばります。

| AMI学龄儿童中心 PAL笔记 | | 8月3日（星期五） |
|---|---|---|
| 今天做什么？怎么做？ | | |
| 9点 晨会 | 4点 | 与结奈、桃佳、奈美玩捉迷藏 |
| 9点半 写作业 | | |
| 10点 做饭（炖菜） | 5点 | 回家前的讨论 PAL笔记 在室内玩躲球游戏 |
| 12点 午饭 休息时间 Y.M.C.A练习 高学年在第二教室练习 | 7点 | 回家 |
| 3点 下午茶 打扫 | | 宿泊保育 |

今天做了什么？怎么样？

（Learn）

今天没能玩捉迷藏，有些遗憾。这次是我们班负责做饭，炖菜的时候调料放多了，但是依旧很好吃，我觉得很开心。最开心的就是练习Y.M.C.A了。今天是我第一次练习Y.M.C.A，所以有很多地方不懂，但大家都很耐心地指导我。得到桃佳和结奈的表扬，我感到很开心。今天有宿泊保育，我很期待去看烟花。我有点不想进行胆量测试，但我会加油的。

图 4-1：四年级女生所写的《PAL 笔记》

AMI 希望在放学后培养孩子如表 4-1 所示三大类能力（非认知能力）。正如我在第三章中介绍的那般，表 4-1 将这些能力，以及做到什么事情便能说是获得并提高了该种能力的评价指标，进行了细化（解构）。

表 4-1：AMI 希望培养孩子的三大能力

| ① | 与人建立联系的能力 | ○关心朋友<br>○与朋友交流时做出妥协<br>○信赖朋友并被朋友信赖 |
| --- | --- | --- |
| ② | 解决课题的能力 | ○挑战并进行各种各样的课题<br>○为解决课题而思考计划、方法<br>○失败后继续前行 |
| ③ | 面向未来的能力 | ○掌握基本的生活习惯<br>○传达自己的想法<br>○控制自己的情绪 |

不仅如此，员工还会观察每天放学后孩子的姿态、言行举止、孩子间的关系等并做好每日记录（个人记录），此外，在这些个人记录的基础上，还会每年两次地分项目对孩子的表现进行总结，填写《学习评估表》并分享给家长（参考表 4-2 的例子）。从小学一年级到六年级一直让孩子来 AMI 的家长，总共会拿到 12 份表格。这些表格对于家长来说是一种喜悦，对于员工来说则提供了回顾自己对孩子帮助情况的机会，比如反思"对于这个孩子，本可这样与他相处……"。

## 表 4-2：学习评估表（例）

| AMI 学龄儿童保育中心"学习"评估表 |||
|---|---|---|
| 2015 年度 | 年级：二年级 | 姓名：纲出学武 |
| 希望培养的能力 || 4~8 月 |
| 1. 与人建立联系的能力 | ①能够关心身边的朋友 | 一年级的时候，学武同学总是一个人玩积木。但现在在身边的朋友（特别是低年级的学生）想和他一起玩时，他已经能够接受对方的邀请并与其一起玩积木了。进入暑假后更是能够主动和班里的同学一起做饭。 |
| | ②能够在与朋友交流时做出妥协 | 5月前，学武同学在玩积木，遇到别的朋友也想用自己看中的积木时，只会眼巴巴地看着那块积木，很难说出"让我用吧"，只能转而去使用别的积木。之后，学武同学逐渐能够对低年级的学生说出"让我用吧"，但还不太能和同年级以及高年级的朋友说出这句话。 |
| | ③能够信赖朋友并被朋友信赖 | 暑假前，学武同学在玩积木时教一年级学生如何堆"积木恐龙"。看见这场景，我觉得二年级的他是值得信赖的。进入暑假，和高年级学生一起做活动的时间变多了，此前在高年级学生主动提供帮助前，学武同学大多情况下都会安静地坐在那儿，而如今他逐渐开始主动请求高年级学生的帮助。 |
| 2. 解决课题的能力 | ①能够挑战并进行各种各样的课题 | 在第一学期，面临必须思考的问题时，学武同学通常会陷入"束手无策"的状态。但是，进入暑假以来，可以看出他在慢慢发生改变。无论是在为班级做饭，还是8月下旬的鬼屋活动，他都会积极询问指导员、高年级学生该如何做，同时进行思考并尝试去解决。 |
| | ②能够为解决课题而思考计划、方法 | 学武同学能够像①那样进行思考，在遇到不懂的问题时能够去询问他人，但是还很难独立思考出具体的计划、方法等。不过，在听取周围人的意见、接受他人帮助从而解决课题的过程中，我觉得今后他应该能够在这些经验的基础上慢慢做到独立思考并想出解决方案。 |

培养比成绩更重要的非认知能力

续表

| AMI学龄儿童保育中心"学习"评估表 |||
|---|---|---|
| 2015年度 | 年级：二年级 | 姓名：纲出学武 |
| 希望培养的能力 || 4~8月 |
| 2.解决课题的能力 | ③能够在失败后继续前行 | 一年级的时候，学武同学不想输的心态非常明显。但是，二年级之后其行动范围稍微扩大了，开始遇到"进展不顺利"的事。7月份，学武同学在捉迷藏游戏中是抓人的那方，他因一个人都没抓到而差点哭出来，但是他努力没让自己哭出来。从中我感受到他的坚强。 |
| 3.面向未来的能力 | ①能够掌握基本的生活习惯 | 学武同学每日的生活都能过得井然有序。特别值得注意的是，他的生活很有规律，已养成学习→玩耍→吃点心→玩耍的习惯，不需要指导员特别提醒。但是，当遇到一些使他必须改变平常流程的情况时，学武同学就会感到困惑，不能很好地跟上周围的节奏。 |
| | ②能够传达自己的想法 | 一年级的时候，学武同学比较内向，不能和指导员诉说自己的想法，也无法和小伙伴表达自己的想法。但是，随着与低年级学生、高年级学生的交流变得频繁，8月以后他已经能教低年级学生做事情，暑假时也能够向高年级学生请教问题了。 |
| | ③能够控制自己的情绪 | 在捉迷藏时忍住没哭鼻子、在玩积木时忍住不用自己想用的积木，我觉得他的自制力得到了发展。但是，7月份前我有时会担心他，觉得他不需要如此控制压抑自己。但8月份鬼屋活动的当日，可以看到他扮演"鬼"巧妙地吓唬大家的身影以及流露出了兴高采烈等情感。 |

AMI学龄儿童保育中心

（一般社团法人　孩子学习设计研究所）

地址：700-0925 日本冈山县冈山市北区大元上町13-2

URL http://ami.gakudo-hoiku.jp/

MAIL：ami-okayama@cmd.or.jp

代表理事：小山壱也

中心主任：中野健汰

## ❷ 从书法教学对姿势的重视，看非认知能力的培养
### ——某书法家的挑战！"足肘身线项目"

### （1）什么是"足肘身线"

在介绍"足肘身线项目"前，请大家先来看看这句口号。

> 足安，肘悬，身直！

该项目旨在让孩子在做到上面的口号所表述的基础上，再写出"好线条"。将口号中的各词首字与"好线条"相结合，便有了此项目的名字——"足肘身线"。该项目的发起人、书法家山本满理子对该项目进行了以下介绍：

"我想让孩子通过书法来彻底意识到姿势的重要性，从而促进其提高注意力、毅力、自制力等非认知能力。出于这一目的，我发起了'足肘身线项目'。当然，此前也有别的书法教室强调过姿势的重要性，但孩子总是全身心地扑在写字上，因而很难保持良好的姿势。另外，由于书法是线条的艺术，所以我想在其本质——线

条上多花些心思。因此，在'足肘身线项目'中，我刻意不让孩子写字，而是让他们全身心地去意识自己的姿势、写出好的线条。"

以上便是山本所说的话。怎么样呢？若是精通书法的人可能会觉得这是理所当然的事情。但是，正是因为特意将这些理所当然的事与提高非认知能力联系起来并重新看待，所以才说"足肘身线项目"是新书法的挑战。

正如山本所说的那样，此前书法偏重于写出"好字（漂亮的字）"，这可能会对孩子保持良好姿势造成不良影响。基于这一假设，该项目不把重点放在字上，而是旨在通过注重更为简单的线条来促进孩子保持良好的姿势，提高注意力、自制力（非认知能力）。该项目把书法教室中与书法入门相关的内容作为核心，可以说是一个反向的思路。

## （2）集中注意力写线条的独创教材

一般来说，大多书法入门课都会让孩子在白色的纸上书写线条，从汉字"一"开始练习。但是山本将这种入门内容作为其项目的核心，独创了一套教材。图4-2展现了其中的一部分。像这样，线条也有各种形状，所以书写不同线条的难易度自然也各不相同。因此，山本在教材中将最容易写的"横线"设为初级，将"竖线"以及其他更复杂的形状，按照其难易程度设为中级或高级，通过这种方式让教材更容易理解、更成体系。此外，山本在推进"足肘身线项目"的过程中，注重的不是快速提高书法级别，

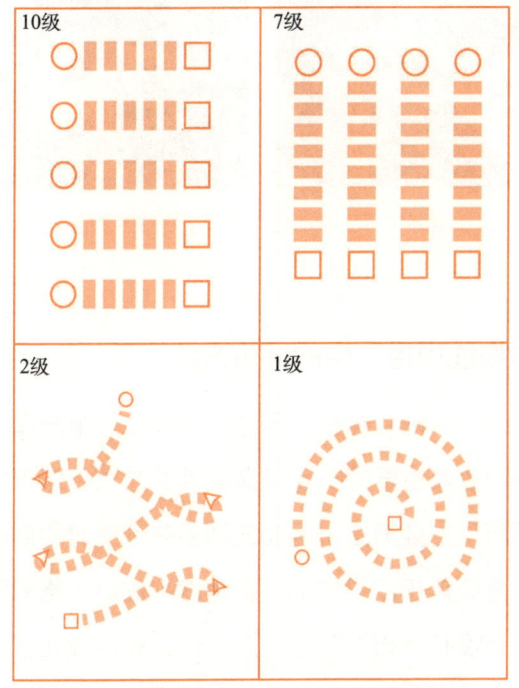

而是认真在每本教材上下工夫这一过程。

○表示起点，□表示终点，△表示要在此处弯曲。

图 4-2：足肘身线项目所使用教材的一部分

　　认真地书写线条可以说是非常重要的一点。在重视快速做完事情的当下，让孩子放慢速度、认真写好简单的线条，做到全身心地投入其中。同时，在书写线条时还需要注意呼吸。仔细观察孩子便能发现，在慢慢吐气的同时移动毛笔有助于孩子的注意力集中。

　　另外，照片 4-4 展现的是第一次参加该项目的小学生（左侧是二年级学生，右侧是三年级学生）。

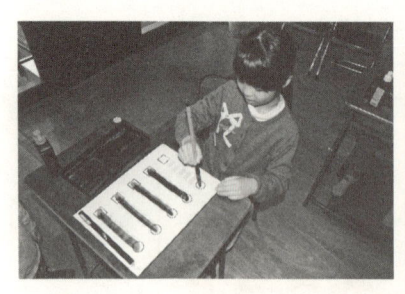

照片4-4：参与足肘身线项目的孩子们

## （3）"足肘身线项目"中的评价方法

刚才介绍的独创教材在"足肘身线项目"中发挥了重要的作用，但是该项目最重要的一点还是其评价方法。由于山本把重点放在了前面所说的姿势上，因此该项目并不是对线条的完成情况作评价，而是聚焦于口号中的"脚有没有放稳？胳膊肘有没有悬起来？背部有没有撑直？"等，把评价的重点放在了姿势的好坏上。这样做是基于以下考虑：若要写出好的线条就需要保持良好的姿势；若能意识到并始终保持良好的姿势自然就能写出好的线条。

此外，为了让这种评价方式更易于理解，该项目还采用了在第三章已经介绍过的"表现性评价"，这一点也是非常有特色的。该项目专为姿势设置了相应的评价项目，在项目结束后指导员会对孩子作出评价。具体如表4-3所示，分别对七个项目进行评价。

## 第四章 培养非认知能力的实例——大人的挑战——

表4-3：足肘身线项目的表现性评价表

| No. | 评价项目 | 评价内容 |
|---|---|---|
| ① | 握笔的方式正确吗？ | • 立直笔杆，握住其中部，用大拇指、食指、中指三根手指撑住笔，无名指、小拇指起稳定扶住的作用<br>• 好像手掌中握着一个鸡蛋，不要把笔握得太紧 |
| ② | 左手的摆放正确吗？ | • 并拢左手手指，用手腕按住纸 |
| ③ | 脚的摆放正确吗？ | • 两脚放在地面，稍微用力 |
| ④ | 背挺直了吗？ | • 立起腰，腹部用力，挺直背脊 |
| ⑤ | 是否与桌子保持适当的距离？ | • 腹部与桌子保持一个拳头左右的距离 |
| ⑥ | 头摆正了吗？ | • 挺胸<br>• 收下巴，让头与背成一条直线 |
| ⑦ | 手肘用力了吗？ | • 放松手腕和肩膀<br>• 使手肘与手腕处于同一高度<br>• 微微下压手腕以防止其抬得过高 |

像这样，通过事先明确评价项目和评价内容能够让评价变得更具体，而不是仅停留于"姿势很好"这样笼统的层面。另外，这也有助于工作人员明白指导时应对孩子的哪方面进行称赞，又该对孩子的哪方面进行指导。此外，实际的评价还分为三个阶段——"阶段1（1分）：想尝试做"；"阶段2（2分）：能在指导下完成"；"阶段3（3分）：能独立完成"。这样一来，在评价时能够对各项目达到何种水平进行评价，还能够将其分数化，进行综合性评价。通过这种评价方法，孩子就有可能意识到自己这次做成了什么、下次应该在哪方面更注意些。

顺便说一下，"足肘身线项目"中实际使用的表现性评价表如图4-3所示。

图 4-3：足肘身线项目的表现性评价表（例）

| 姓名 | 二年级学生男生未学过书法 | 总分：12 分 | | 日期 | 3月3日（星期六） | |
|---|---|---|---|---|---|---|
| No. | 评价项目 | 评价内容 | | 想尝试做 | 能在指导下完成 | 能独立完成 |
| ① | 握笔的方式正确吗？ | ● 立直笔杆，握住其中部，用大拇指、食指、中指三根手指撑住笔，无名指、小拇指起稳定扶住的作用<br>● 好像手掌中握着一个鸡蛋，不要把笔握得太紧 | | | ○ | |
| ② | 左手的摆放正确吗？ | ● 并拢左手手指，用手腕按住纸 | | | ○ | |
| ③ | 脚的摆放正确吗？ | ● 两脚放在地面，稍微用力 | | | ○ | |
| ④ | 背挺直了吗？ | ● 立起腰，腹部用力，挺直背脊 | | | ○ | |
| ⑤ | 是否与桌子保持适当的距离？ | ● 腹部与桌子保持一个拳头左右的距离 | | | ○ | |
| ⑥ | 头摆正了吗？ | ● 挺胸<br>● 收下巴，让头与背成一条直线 | | ○ | | |
| ⑦ | 手肘用力了吗？ | ● 放松手腕和肩膀<br>● 使手肘与手腕处于同一高度<br>● 微微下压手腕以防止其抬得过高 | | ○ | | |
| | | | | 1分×2=2 | 2分×5=10 | 3分×0 |

## 第四章 培养非认知能力的实例——大人的挑战——

| 姓名 | 二年级学生 女生 学过书法 | 总分：17 分 | 日期 | 3月3日（星期六） | | |
|---|---|---|---|---|---|---|
| No. | 评价项目 | 评价内容 | 想尝试做 | 能在指导下完成 | 能独立完成 |
| ① | 握笔的方式正确吗？ | • 立直笔杆，握住其中部，用大拇指、食指、中指三根手指撑住笔，无名指、小拇指起稳定扶住的作用<br>• 好像手掌中握着一个鸡蛋，不要把笔握得太紧 | | | ○ |
| ② | 左手的摆放正确吗？ | • 并拢左手手指，用手腕按住纸 | | ○ | |
| ③ | 脚的摆放正确吗？ | • 两脚放在地面，稍微用力 | | ○ | |
| ④ | 背挺直了吗？ | • 立起腰，腹部用力，挺直背脊 | | | ○ |
| ⑤ | 是否与桌子保持适当的距离？ | • 腹部与桌子保持一个拳头左右的距离 | | | ○ |
| ⑥ | 头摆正了吗？ | • 挺胸<br>• 收下巴，让头与背成一条直线 | | ○ | |
| ⑦ | 手肘提起来了吗？ | • 放松手腕和肩膀<br>• 使手肘与手腕处于同一高度<br>• 微微下压手腕以防止其抬得过高 | | ○ | |
| | | | 1分 ×0 | 2分 ×4 =8 | 3分 ×3 =9 |

· 123 ·

### （4）究竟会有什么样的成果？

刚才，我已对"足肘身线项目"的概念、独创教材以及专门对姿势好坏进行评价的表现性评价方式进行了介绍。那么，这一项目实际上会产生怎样的成果呢？此次，他们特意以不曾在学校、书法教室学过书法的小学二年级男生（以下简称小 A）为对象，做了相关试验。在这里我就简单来向大家介绍一下。

首先，小 A 在山本的指导下开始注意自己的姿势，为保持前面所说的良好姿势而努力。然后，山本对小 A 写线条的方法进行了指导并对其写下的线条进行评价。与此同时，用照片记录小 A 姿势的变化。照片 4-5 中，左边为项目开始前小 A 的姿势，右边为项目开始 30 分钟后小 A 的姿势。30 分钟后，小 A 已能让双脚稳稳地踩住地面、立直笔杆、提起手肘，此外，小 A 的背也挺直了，背脊到头部成一条直线。将这两张照片进行对比，我们就能

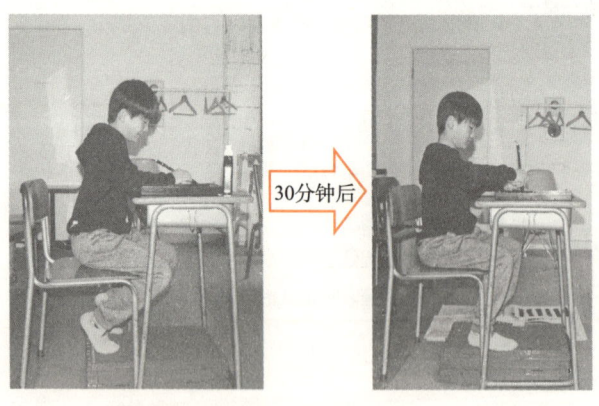

**照片 4-5：小 A 姿势的变化**

知道该项目仅用 30 分钟就能让孩子出现这样一目了然的变化。此次试验不仅让我们有幸看到山本亲自指导，还让我们了解了该项目的优点——不仅能让孩子强烈意识到良好姿势的重要性，还能让孩子将注意力集中在写线条上，而不是写字上。

　　伴随着姿势的变化，不被纳入评价项目的线条本身又发生了怎样的变化呢？图 4-4 展示的是 30 分钟的项目中小 A 所写线条发生的变化。左边是最开始时小 A 写的线条，中间是项目进行到一半时的，右边则是项目结束时的。从中我们能清楚明白随着小 A 所写的线条不断进步成右边的样子，他也扎实做好了"起笔、运笔、收笔"。另外，这里很重要的一点是，线条的变化并不是由与"起笔、运笔、收笔"相关的直接指导带来的，而是因意识到良好姿势的重要性并努力保持良好姿势而产生的。这个记录佐证了山本提出的观点——若能意识到良好姿势的重要性并能保持正确姿势，那自然而然就能写出好线条。可以说，这也是"足肘身线项目"的一大成果。

　　那么，第一次参加"足肘身线项目"的孩子都有哪些感想呢？下面，我就来介绍一下孩子写下的感想。

　　从画下划线的部分中我们可以看出，孩子已意识到要保持良好姿势、挺直背脊。此外，从孩子写下的感想中我们也能得知该教材的难易度因线条形状的不同而变化（从横线到竖线，从粗线到细线）。另外，孩子在该项目中看似只是在单纯地写线条，但最后能清楚地分辨出自己最开始写的线条与最后写的线条之间的不同，这一点也很有意思。从孩子的这些感想中我们能够看出孩子在该项目中感到很充实。

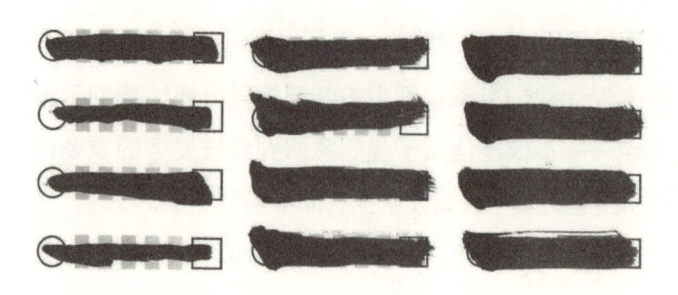

二年级男生（未学过书法 前面的小A）
- 我是第一次练字，没想到竟然那么顺利。<u>我能在保持较好姿势的状态下写字了。</u>
- 在保持较好姿势的状态下写字很难。刚开始时我很担心，不过，在练习了一会儿之后我便能够轻松做到了。

二年级女生（学过书法）
- 相比于横线，<u>写竖线更难。</u>
- <u>我能清楚知道自己最开始时写的线和结束时写的线之间的区别。</u>
- 在老师的耐心指导下，书写线条这件事变得很快乐，我写了很多。我还想再来这里学。

三年级女生（学过书法）
- 在练字的时候，<u>用粗线条写是最舒畅的。</u>
- <u>用细线条写最能集中注意力。</u>
- <u>当我想把字写好的时候，就会把背挺直。</u>

*下划线为作者所标

图4-4：小A所写线条的变化

## （5）提高注意力，尊重多样价值观

"足肘身线项目"除了注重让孩子在写好每根简单线条的过程中注意（身体上的）姿势以外，还注重让孩子花时间写完每根线条。认识到姿势的重要性，认识到保持良好的姿势是写出好线条

## 第四章 培养非认知能力的实例——大人的挑战——

的必要条件之一,因此这也有助于提高孩子的自我控制力、坚持到底的能力等非认知能力。此外,这是个简单的活动,因此也与能够在短时间内融入活动的"专业状态"息息相关。据说这种进入"专业状态"的体验有助于孩子今后迅速融入到各种各样的活动中(比如学习、运动等)并集中注意力参与其中,因此可以说这对孩子的成长是至关重要的。

另外,在和参与该项目的孩子进行交流的过程中,我们还注意到一个有趣的事情。孩子们一边看着从上到下排列了三条横线的纸面(如前面记录照片所示),一边对哪根线条写得最好进行互相评价,"我觉得从上往下数的第二根线条写得最好""我觉得第三根线条写得最好"(前面介绍过的孩子的感想中也有类似的内容),通过比较乍一看毫不出奇的简单线条来发现"写得好的线条"这一价值。我觉得通过这样的体验,孩子能够磨炼自己的注意力,学会尊重多样化价值观,开始懂得从多方面考虑事物。

到此为止,我就介绍完了成功将非认知能力这一关注点引进书法世界的"足肘身线项目"。正如"创新"一词所表达出来的意义那样,通过在既有事物中加入新的想法、切入点来创造变化。"足肘身线项目"便是在传统且被重视的书法中加入了非认知能力、表现性评价等关注点之后诞生的。我相信今后无论时代如何变化,书法都会在孩子的教育中起到非常重要的作用。

> 山本满理子书法教室
> URL https://www.marisyo.com/
> 负责人:山本满理子(书法家)

## ❸ 为培养非认知能力而进行的全新开发
——菅公学生校服的挑战！"菅公 NCS 项目"

### （1）什么是"菅公 NCS 项目"

菅公学生校服股份有限公司（以下简称菅公）在日本学生校服市场中所占份额排名第一。以前，菅公一直在"产品制造"上下工夫，但如今为了迎接即将到来的时代，为了让日本的孩子、日本的教育充满活力，菅公也开始了新的挑战——在"人才培养"上下工夫。为推行以"人才培养"为目的的各种活动，菅公新成立了（一般社团法人）菅公教育解决方案研究协议会以推动"菅公 NCS 项目"的落地。

NCS 是由"Non Cognitive Skills"中各个单词的首字母构成的，实际上指的就是非认知能力。刚才我已经对"足肘身线项目"做了介绍，它致力于从非认知能力这一观念出发来重构既有的书法。NCS 与此不同，它最初便是为帮助孩子获得并提高非认知能力而全新开发的项目。

正如我在第三章中介绍的那样，由于非认知能力很容易被笼统地理解为各式各样的能力，因此在开发这样的项目时很重要的一点便是，用具体的语言将想要通过该项目帮助孩子获得并提高的非认知能力明确下来。在营公 NCS 项目中，经过多次讨论最终提出了如表 4-4 所示的五种非认知能力。

表 4-4：在营公 NCS 项目中提出的五种非认知能力

| | |
|---|---|
| 坚持力 | 即使碰壁也能想办法克服，能够遵守规则、规矩的能力 |
| 行动力 | 自己思考、决定，并能够尝试将其付诸实践的能力 |
| 想象力 | 有许多主意，并能够为实现它们而制订计划的能力 |
| 表达力 | 能够用语言将自己的想法传达给别人的同时也能够听取别人所讲的话、意见等的能力 |
| 探索力 | 能够注意到许多事物并对其抱有兴趣且进行探究的能力 |

## （2）在"产品制造"的过程中获得并提高非认知能力

为帮助孩子获得并提高表 4-4 所示的五种非认知能力，就有必要将这些能力具体化。所幸营公具有产品制造企业所应有的优势——拥有进行某些制造活动所需的丰富经验、材料等。因此，虽然是以"产品制造"为主的项目开发，但若只是"产品制造"，那便与我们身边历来都有的体验活动就不会有太大的差别。

于是，营公便开始考虑在制造过程中建立有助于孩子获得并提高非认知能力的机制，即在开始制造前召开针对所有环节进行探讨的"策划会议"。首先就理念、目标对象、实际要制造的产品进行讨论。明确求职考试、入学考试中常出现的小组讨论在"产品制造"过程中的定位，试图在这一过程中让孩子获得并提高那五种非认知能力。以这些目标为导向，就能搭建出在项目中所共通的基本框架。

将策划会议（本项目称其为创新讨论）引入"产品制造"有三大价值。其一，可以防止简单地把材料给孩子、让其像客人那样（被动地）参与活动这种情况的产生。其二，由于讨论的是制造自己要用到的产品，因此能够真实地从当事人角度进行讨论。也有围绕类似"如果只能带一样东西去无人岛，你会带什么？"这样的问题展开讨论的情况，但是这样的真实性就比较低，也无法站在当事人的角度展开讨论，因为大家并不是真的要去无人岛……但是在该项目中，大家能够基于讨论的结果去真真切切地制造产品。因而，大家参加讨论的积极性也会更容易提高。其三，由于存在讨论这一环节，因此也有助于提高孩子制造产品的积极性以及对所完成产品的喜爱程度。

基于以上的基本框架，在进行各种各样的产品制造时一定会召开策划会议来进行相关讨论，从而促进孩子非认知能力的提高。相关人士正在推动这一项目的落地。

## （3）解决"菅公NCS项目"的课题

但是，这里就出现了问题。与已经是大人的菅公工作人员进行策划会议不同，该项目的主要对象是处于儿童期（小学生）的孩子。我在第二章中也说过，虽说都是小学生，但这一时期实际涵盖了三个发育阶段，因此会出现高年级学生（五六年级）能够轻松完成，但低年级学生（一二年级）却很难完成的情况。若要进行需将自己的想法用语言表达出来，并与他人交换意见、达成一致的讨论，那高年级学生与低年级学生之间的这种差异就会更为显著。

于是，就将讨论分为了三个阶段并进行了如表4-5所示的整理。

表4-5：讨论时的阶段

| 项目 | 阶段① | 阶段② | 阶段③ |
| --- | --- | --- | --- |
| 小组规模 | 2人 | 3~4人 | 5~6人 |
| 提问 | 封闭式 | 封闭式→开放式 | 开放式 |
| 指令 | 一个指令一个行动 | 多个指令多个行动 | 不给出指令 |
| 信息 | 提示信息 | 选择信息 | 事前收集信息 |
| 角色 | 大人来决定主持人 | 孩子来决定主持人 | 孩子主动担任相关角色 |

在表4-5中，讨论时的小组规模呈阶段性增加。在提问方面（促使孩子进行思考的问题），从对答案有限制性的封闭式提问转变为对答案无限制（可以自由回答）的开放式提问。也就是说，针对类似"你昨天吃的是咖喱饭吗？"这样的问题，我们是能够用"是"或者"不是"来回答的，所以这是封闭式提问；而针对类似"你昨天吃的是什么？"这样的问题，我们既可以回答"咖

喱饭",也可以给出其他任何答案,所以这是开放式提问。如此一来,实际上还是对答案有限制性的封闭式提问更易回答。为了让孩子更易表达自己的想法,在阶段①特意规定需进行封闭式提问。同样地,在阶段①,指令、信息、角色等也是以方便孩子尽快进入状态为目的来设计的。进入阶段②~阶段③后便偏向于让孩子更自主地参与其中了。将这五个项目和三个阶段结合起来便能够创造出符合孩子现状的讨论场合。

## (4) CQ (Closed Question, 即封闭式提问) 树与想法甜甜圈项目最大的要点

正如前文中解释的一样,通过设定阶段,能够使低学年(小学一二年级)和中学年(小学三四年级)的学生更多地参与到讨论中来。但是,大家是否看出了阶段①相比于阶段③,需要大人做的准备和后期给予的支持其实要求更高,难度也更大呢?换句话说,如果我们在针对低学年的阶段①当中能够创造一个利于讨论的环境的话,那么孩子们就会更顺利地走进阶段②和阶段③的讨论。

比如,对于上文中提到的封闭式提问而言,因为要将问题设定为对方更容易回答的类型,所以反过来就对出题人提出了更高的设置问题的技术要求。同样地,我们在讨论的时候,需要孩子们说出自己对于问题的想法(意见),那么就需要大人花费一点心思来引导和支持孩子们讲出自己的想法。针对这一点菅公 NCS 项

目开发了两种应对方法，分别称之为"CQ 树"和"想法甜甜圈"。

表 4-6：菅公正在开发的 NCS 项目

| 序号 | 项目名称 | 概要 |
| --- | --- | --- |
| 1 | 用布来做东西 | 用马上要被扔掉的废旧布料做自己想做的东西 |
| 2 | 世界上独一无二的 T 恤 | 设计属于我们自己的原创 T 恤 |
| 3 | 原创 logo 标志和口号 | 自己来设计原创的 logo 标志和口号标语 |
| 4 | 介绍居住的地方 | 介绍和推广自己有归属感的地方（社区、小学或者小学托管班等） |
| 5 | 感谢的艺术 | 利用碗碟和团扇设计向自己最珍惜的人表达感谢心情的作品 |
| 6 | 点燃活动氛围的服装 | 设计能够带动自己参加的活动现场氛围的服装 |
| 7 | 设计原创制服 | 设计能够表达自己想法的原创制服 |
| 8 | 日本未来艺术 | 了解日本或地区传统，创作传统游戏道具、工艺品等 |

那么，接下来我们将介绍菅公 NCS 项目当中"CQ 树"与"想法甜甜圈"在案例中的运用。首先，通过上表（表 4-6）来一览目前菅公在开发的 NCS 项目（现在也仍然在持续更新开发中）。

如表中所列，这些项目都是制作东西以及产生一些产品的设计活动。然后在讨论如何制作和设计的时候，导入我们上文介绍过的策划会议（创意讨论）环节。在这一讨论的过程中，孩子们会在脑袋里产生自己的想法，那么这个时候就需要我们刚才介绍到的"CQ 树"和"想法甜甜圈"来帮助他们整理自己的想法。菅营公 NCS 程序的整体流程和设想就如图 4-5 所示。

\* 称之为"CQ 树"和"想法甜甜圈"的独特方法能够引导个人独立地思考，并将之整理（建设性的想法）。将这样的方法与"创意讨论"同时整合到一起能够促进孩子产生创造性的想法并提高表达能力。通过加入营公 NCS 程序能够将现有的体验活动、体育活动以及学习活动升级成为能够培养孩子非认知能力的教育课程。

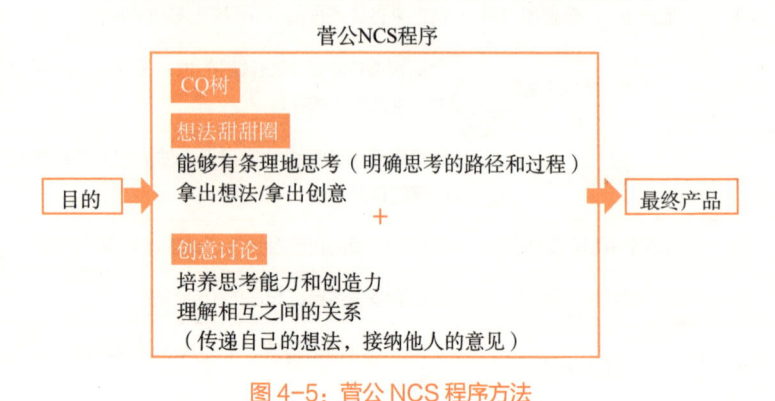

营公NCS程序

目的 →

**CQ树**
**想法甜甜圈**
能够有条理地思考（明确思考的路径和过程）
拿出想法/拿出创意

+

**创意讨论**
培养思考能力和创造力
理解相互之间的关系
（传递自己的想法，接纳他人的意见）

→ 最终产品

图 4-5：营公 NCS 程序方法

以 CQ 树为例，比如，对于表 4-6 当中的第二项"世界上独一无二的 T 恤"，在开始讨论前，从低学年到中学年的学生们都要准备好图 6 所示的思考清单。问题 1 和问题 2 是可以选择的封闭式提问，紧接着的问题又会过渡到可以自由回答的开放式提问。封闭式提问的占比会根据提问对象的年龄段和变化，通过这样的设置能够让孩子们更容易分阶段来展开思考。

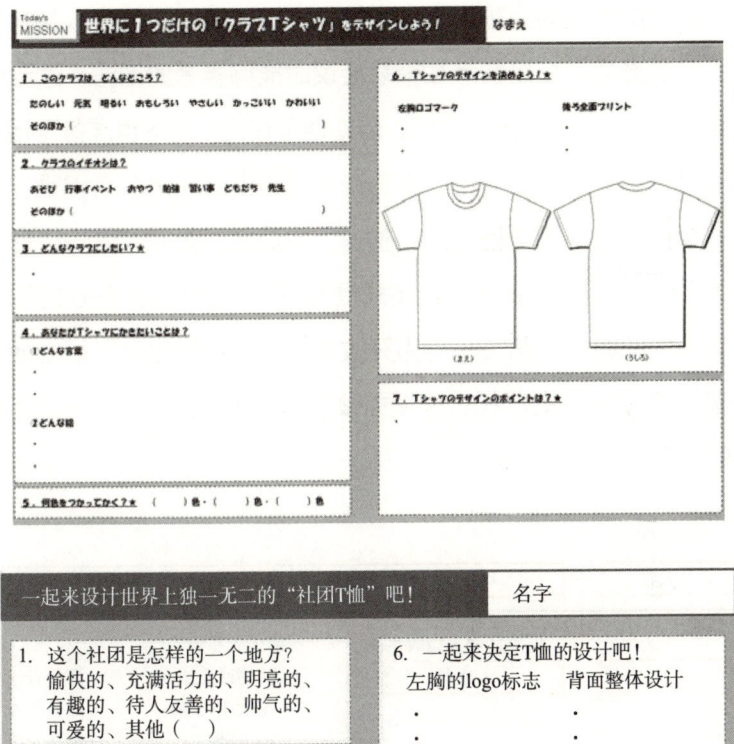

第四章 培养非认知能力的实例——大人的挑战——

| 一起来设计世界上独一无二的"社团T恤"吧! | 名字 |
|---|---|

1. 这个社团是怎样的一个地方?
   愉快的、充满活力的、明亮的、有趣的、待人友善的、帅气的、可爱的、其他( )

2. 社团的定位是什么?
   游戏、组织活动、共享零食、学习、朋友、老师、其他( )

3. 想要发展成为什么样的社团?

4. 你想要在T恤上画什么?
   写什么话?
   画什么图案?

5. 用什么颜色?
   ( )色( )色( )色

6. 一起来决定T恤的设计吧!
   左胸的logo标志　背面整体设计

   前　　　　后

7. 设计T恤时的关键点是什么?

图 4-6：开始讨论前的思考清单

· 135 ·

这一清单上的问题都是提示性的。这些问题的顺序以及封闭式提问的选项，正是实际在策划会议时能够参考的地方。过渡到问题 3，这是一个开放式提问，但即便是在这一题下也准备了相应有引导作用的封闭式提问，以防孩子们在提出想法时有困难。将这些事先准备好的封闭式提问整理为树形图，我们将这一树形图称为"CQ 树"，也就是"封闭式提问树"。比如，图 4-6 的思考清单当中问题 4 的第二小问为开放式提问，但是也可以相应地准备图 4-7 所示的 CQ 树，来根据孩子们的实际情况进行一些辅助性的提问。

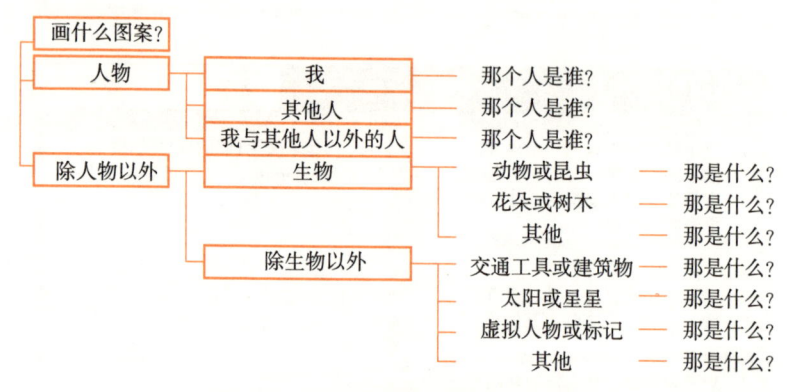

```
画什么图案？
├─ 人物
│   ├─ 我 ── 那个人是谁？
│   ├─ 其他人 ── 那个人是谁？
│   └─ 我与其他人以外的人 ── 那个人是谁？
└─ 除人物以外
    ├─ 生物
    │   ├─ 动物或昆虫 ── 那是什么？
    │   ├─ 花朵或树木 ── 那是什么？
    │   └─ 其他 ── 那是什么？
    └─ 除生物以外
        ├─ 交通工具或建筑物 ── 那是什么？
        ├─ 太阳或星星 ── 那是什么？
        ├─ 虚拟人物或标记 ── 那是什么？
        └─ 其他 ── 那是什么？
```

图 4-7：封闭式提问树形图（CQ 树）

当然，有些情况下仅靠封闭式提问也很难给出答案，这时候，我们可以通过特定的关键词来构建联系，进而给出自己的思考，这样的方法我们称之为"想法甜甜圈"。这种方法是在"甜甜圈"的中心写下关键词，进而在其周围写下与关键词有关联的想法和思考。通过这样的方法不断累积,"甜甜圈"越来越多,自己的想法和思考也会更加明确。

图 4-8 所展示的实例是 NCS 程序中的一项——"制定口号",小学托管班的孩子们正在为躲球大赛做准备,其中一项就是制定团队的口号。其中,问题 1 是根据想法甜甜圈来归纳和整理自己的想法,问题 2 是将其总结归纳为自己的口号。之后,再将各自的想法汇总,在小组内进行讨论,最终将小组讨论决定好的口号制作成加油助威的团扇,如照片 4-6 所示。

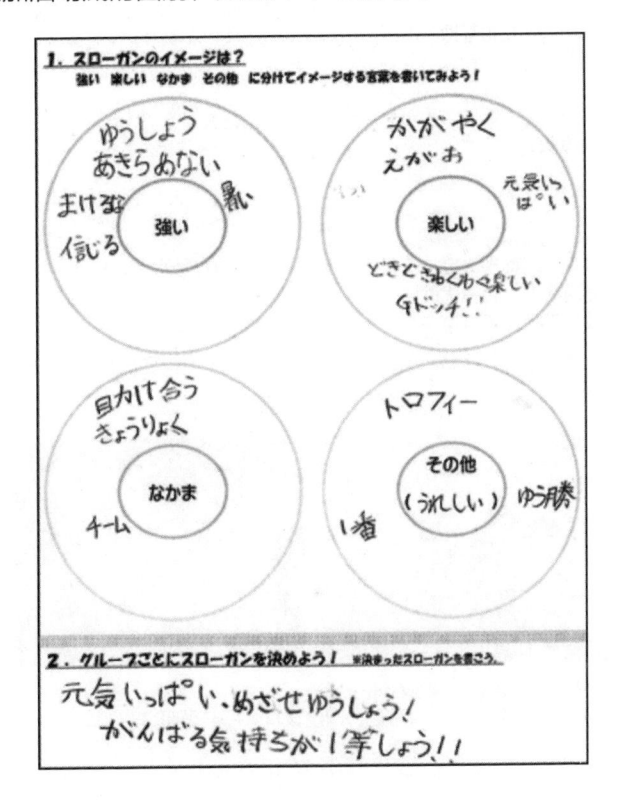

1. 口号的整体感觉是？
   试着将表概念的词分为"强烈的、愉快的、伙伴、其他"来写一下吧。

   不放弃
   不能输
   信任   热
   　　强烈的
   优胜

   闪耀的
   笑容
   　　愉快的   充满活力

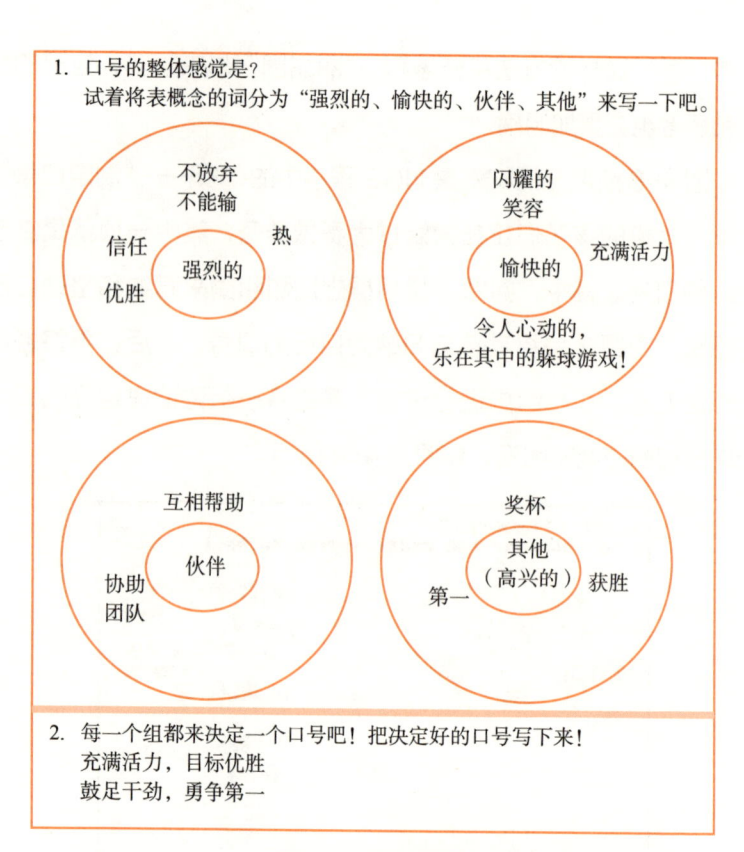

   令人心动的，
   乐在其中的躲球游戏！

   互相帮助
   　　伙伴
   协助
   团队

   奖杯
   　　其他
   　　（高兴的）
   第一　　获胜

2. 每一个组都来决定一个口号吧！把决定好的口号写下来！
   充满活力，目标优胜
   鼓足干劲，勇争第一

**图 4-8：想法甜甜圈**

照片左：汇集各自意见的小组讨论。
照片右：大家决定好口号后，围绕该口号一起做团扇。

照片 4-6

上述就是菅公 NCS 程序的创意讨论当中讨论的推进方法以及整理方法。总结起来就是，首先每一个孩子有自己的想法和思考，在此基础之上，小组内将各自的想法讲解并讨论，这一步显得尤为重要，即在自己的思考基础上讨论，然后去制作东西。这一点称得上是培养儿童五种非认知能力的菅公 NCS 程序最关键的要点。

## （5）菅公 NCS 程序的成果

这里我们将向各位读者介绍菅公 NCS 程序在小学托管班运用的一些可见的成果。本次程序的试验分三次，共计有 15 名小学三四年级的学生参加（15 名小学生全部参加了三次试验）。具体进行的试验项目：第一次是制定口号（表 4-6 中的第三项），第二次是介绍所在的社团（表 4-6 中的第四项），第三次是用布来做东西（表 4-6 中的第一项）。针对上文中介绍过的五种非认知能力，我们在第一次试验项目前分别对参与试验的 15 名学生进行了提问，让孩子们进行自我评价，从四个选项（非常好、还可以、不是很好、完全不好）中选择最符合自己的一项。在全部结束了三次试验项目后，又让孩子们进行了完全相同的自我评价，最终得出表 4-7 的成果。

表 4-7：将菅公 NCS 程序在小学托管班试行的可见成果

| 想让孩子获得或提升的非认知能力 | 问题①（n=15） 达到"非常好"的水平 | 问题①（n=15） 虽未达到"非常好"的水平但有所提升 | 问题①（n=15） 共计（%） | 问题②（n=15） 达到"非常好"的水平 | 问题②（n=15） 虽未达到"非常好"的水平但有所提升 | 问题②（n=15） 共计（%） |
|---|---|---|---|---|---|---|
| 坚持到底的能力 | 11 | 1 | 12（80%） | 11 | 3 | 14（93%） |
| 采取行动的能力 | 9 | 2 | 11（73%） | 11 | 2 | 13（86%） |
| 构思的能力 | 9 | 2 | 11（73%） | 11 | 0 | 11（73%） |
| 表达及倾听的能力 | 8 | 2 | 10（66%） | 10 | 0 | 10（66%） |
| 察觉并深究的能力 | 10 | 0 | 10（66%） | 10 | 2 | 12（80%） |

表 4-7 总结统计了针对五种非认知能力提出的在项目实施前与实施后，孩子们的回答情况。

由于是试验，所以总的参与人数（分母）15 人显得相对较少，但从结果可以看出，在各项非认知能力中自我评价的结果都是有所提升的。特别是"坚持到底的能力"与"采取行动的能力"这两项，是五种能力中效果最明显的。菅公 NCS 程序的长处是能够让孩子们对于自己参加的事情（制作的东西），有自己的想法和思考，并且在同周围的伙伴们一同讨论的过程中实现并最终完成。

### 第四章 培养非认知能力的实例——大人的挑战——

从结果来看可以说是发挥了该程序的这一长处。

另外，从参加这一试验的孩子们的感想（下文的方框内）还可以得出以下结论，孩子们不仅挑战了各种各样的事情，而且通过加入了讨论的这一环节，使得孩子们在过程中更加充实，并且能够获得更强的成就感、提升非认知能力。

- 因为画了各种各样的画，讲了好多话，而且挑战了很多事情，所以觉得很开心。（四年级）
- 去理解大家的意见，或者大家听取了我的意见，我觉得通过这一点提升了自己的"思考能力"。（四年级）
- 大家一起合作写下词汇，一起思考，一起画画，让我获得了一种成就感。（四年级）

---

一般社团法人菅公教育解决方案研究协议会　非认知能力推进委员会
邮编：700-0024
地址：日本冈山县冈山市北区站元町 15-1 冈山小城大厦 5 层
URL https://kanko-gakuseifuku.co.jp/

# ❹ 学校与地区合力共同培养非认知能力
## ——岛根县益田市教育委员会的挑战！"MASPORT①（益护照）"

### （1）将在学校获得的认知能力运用到生活场景中……

如果将 8 颗糖分给 4 个人的话，那么每人能够分到 2 颗糖。这是一道小学三年级会学到的个位数除法运算题目②。实际生活中，4 名小朋友遇到要平均分配 8 颗糖的时候，如果能够想到"8÷4=2"这样的运算数式的话，那么很快就能知道每位小朋友分 2 颗就可以了。那么，如果数字变成两位数，甚至更大的数字的话，我们就更会发现除法运算其实是一种非常方便的计算方法。这个就是学生们将学校里掌握的认知性的知识和技能运用到学校以外的生活场景当中的典型实例。

那么，下面这个问题又该如何解决呢？

---

① 译者注：这里的"MA"为益田市日语发音的首字母，取自护照（passport）一词，意为在益田市内的通关证。在后文中会有详细解释。
② 译者注：这里所说的"小学三年级"为日本的小学三年级，教学计划与培养方案可能与中国的有所不同，下文相同。

$$\frac{2}{3} \div \frac{1}{4}$$

这是个小学六年级会学习到的分数之间的除法运算问题。而且这个问题也出现在了1991年吉卜力工作室出品的由漫画改编制作的动画电影《岁月的童话》的一个场景中。主人公妙子正为这个问题挠头的时候，她的姐姐告诉她"把分子和分母颠倒一下就可以了"。这样一来，这个问题就变成了2/3×4=8/3，问题到这一步，妙子说："这就相当于把三分之二个苹果分给四个人，每个人会分到多少的问题吧？"这样一来，就将一道单纯的数学题转化为了生活情景下的应用问题。

这种思考方法其实是一种十分高级且巧妙的思考方法，因为无论如何这是一个分数与分数的除法运算啊……如果按照上文中妙子的思考方法，这个问题就变成了2/3÷4=1/6，也就是说将三分之二个苹果平均分给四个人。但是，这一题目中并非是将"三分之二个苹果"分给四个人的问题，而是"三分之二个苹果"当中有几个"四分之一个苹果"的问题。对于这一题目我们必须这样理解，如图9所示。

### 培养比成绩更重要的非认知能力

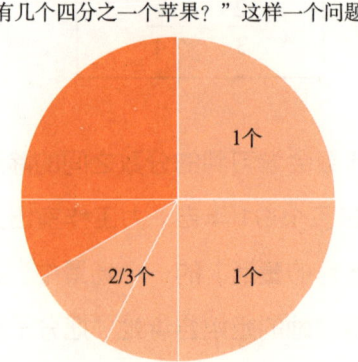

举个例子的话就是思考"三分之二个苹果当中有几个四分之一个苹果?"这样一个问题。

1个+1个+2/3个=8/3(三分之八)个

**图 4-9:把题目 2/3÷1/4 转化为分苹果的问题的话**

首先,看图 4-9 我们就可以明白三分之二个苹果当中有两部分四分之一的苹果。然后,因为还剩下三分之二个部分的四分之一个苹果,所以整个苹果当中"三分之二个苹果"中包含了"四分之一个苹果"的数量就是"2 部分 +2/3 部分 =8/3 部分"。

由上述妙子遇到的这个分数与分数的除法运算的例子来看,如果我们只是按照运算法则机械地将分子与分母颠倒进行乘法运算的话,那么这只是一道数学题目。但是如果我们试着将其转化为真实而具体的生活场景的话,那么我们可能就会对分数与分数之间的除法运算有一点更深入的理解。

其实不只是代数问题,我们需要将在学校学习并掌握的认知能力灵活地运用到真实的生活场景当中。这种灵活运用知识与技能的能力不也是十分重要的吗?

## （2）在学校也能够获取非认知能力，放学后也能够运用认知能力

学校一天的课程结束后，孩子们便开始了放学后的生活。在这段放学后的时间里，在课外的活动或是游戏中，在与家人、朋友及周围人的接触当中，蕴藏着丰富的机会，即将在学校里学到的认知能力灵活运用的机会。正是这些机会为孩子们提供了许多鲜活而真实的学习情景。

如果我们将认知能力交付给学校，将非认知能力安排到放学后，即这种将"学校与放学后（地区或家庭）"和"认知能力与非认知能力"分别定位于两个极端进行区别对待，这种做法是不对的。在学校也要培养非认知能力，放学后也要灵活运用认知能力。可以说，这样对孩子们而言才是更为理想的学习方式。这种学习方式也是OECD（经济合作与发展组织）所提倡的，将社会情绪性技能（非认知能力）与认知性技能（认知能力）之间构建相互作用体系的一种理想状态。因此，学校与放学后的学生生活如何联结，学校教员与学生家长或者周围的成年人们如何联动，这些问题就一定是今后教育所面临的关键问题。

## （3）益田市孩子们的"终生职业教育"

那么接下来面临的一个问题就是，联结社会各个领域以及不同领域的成年人们所必需的媒介是什么？在益田市，这个"媒介"就是岛根县益田市教育委员会社会教育处（以下简称"益田市教

委"），并且该部门也特别注重孩子非认知能力的培养。益田市教委的努力方向是让孩子们如何在益田市生活成长，以及如何在整个社会中生存下去，他们将其称为"终生职业教育"，但这并非我们一般意义上理解的针对具体职位或技术工种的"职业教育"。这一项目是联结了政府、学校、青少年宫以及课后儿童社团、课后儿童教室，甚至还包括民间企业和非营利性组织等各类社会机构当中的人们，并于 2017 年以前就开始推行的"产官学民"（产业、政府、学校、民间）共同实施的一大项目。

最开始推行这一项目的时候，大家讨论最多的是"我们想要给益田市的孩子们培养什么样的能力？"，然后，不同立场的人们从各自的想法和对孩子的希望出发展开了讨论，最后大家不约而同地认为要培养孩子的非认知能力。大家在达成这样的共识后，这一场讨论也随之画上了休止符。

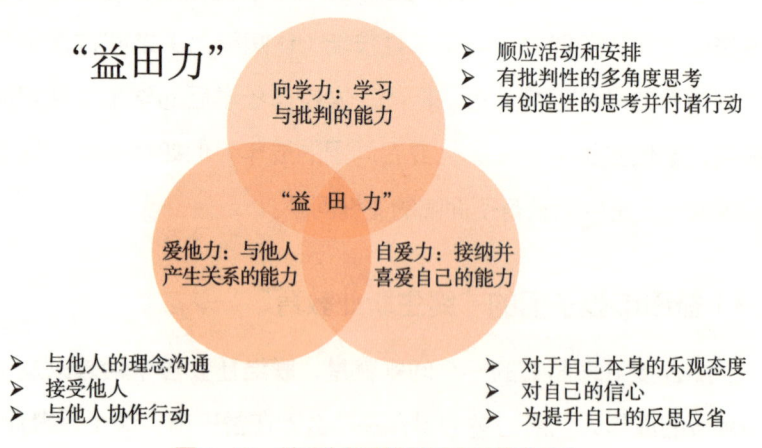

"益田力"

向学力：学习与批判的能力
- 顺应活动和安排
- 有批判性的多角度思考
- 有创造性的思考并付诸行动

"益 田 力"

爱他力：与他人产生关系的能力

自爱力：接纳并喜爱自己的能力

- 与他人的理念沟通
- 接受他人
- 与他人协作行动

- 对于自己本身的乐观态度
- 对自己的信心
- 为提升自己的反思反省

图 4-10：益田市想要给孩子们培养的能力

对此，益田市教委在总结和概括讨论结果之后，将社会各界的意见大体整理概括为三种能力，如图 4-10 所示，并在此基础之上冠以"益田力"[1]的统称。其实这三种能力也与本书前文论述的相同，是对较难理解的非认知能力的一种具体化的表达。之所以这么说，是因为通过将这样的能力概括为"益田力"，能够将处于不同领域和站在不同立场的人所具有的相同部分联结起来，使人们各自都能进入到下一个阶段，也就是如何让孩子们获得并提升所谓的"益田力"。

紧接着，益田市教委为了评价这些能力培养的程度，开始着力制定一种指标性的阶段化评价标准，对于这一点笔者在第三章中也有所提及。其结果是如表 4-8 归纳和整理的。

表 4-8："益田力"的评价指标

| "益田力" | 阶段一 | 阶段二 | 阶段三 |
|---|---|---|---|
| 向学力 | 应该做的事情能够按照要求推进（顺应） | 有不同的想法能够提出来（批判） | 能够以创新的思维展开推进该做的事情（创造） |
| 自爱力 | 能够享受自己应该做的事情（乐观） | 做事情的过程中能够坚持不放弃（自信） | 能够调整自己的言语、行动，不断完善自己（自省） |
| 爱他力 | 能够与他人沟通，一同做事情（沟通） | 能够接受他人与自己的不同（接受） | 能够与他人各补其短、各取其长共同完成（协同） |

---

[1] 译者注：此处的"益田力"在日语原文中，其实是取三种能力解释文字的首字母，共同构成了"益田"这个词语的发音，因而"益田"在此有双关的用法。

## （4）在益田市范围内培养"益田力"的"护照"又是什么？

走到这一步，为了不将"益田力"以及评价指标仅仅流于纸面，益田市就不得不考虑如何将其落到实处了。这与前文中讲到的 AMI 学龄儿童保育中心的情况是一样的。接下来就产生了这样的想法，那就是如果在学校和学校以外的地方（特别是地区内），大家都能对"益田力"达成共识，并有相同的评价指标，那么是不是各自采取的行动也就能够顺理成章地联结到一起呢？如果把孩子们去的地方、包括学校在内都看作是一个个的"国家"，孩子们每到这样一个"国家"都需要持有类似护照的东西才能参加活动，然而在"护照"上不用盖入境章，而改成该地给出的对于这个孩子的评价，这种方法怎么样呢？也就是说，给每个孩子一个在益田市范围内培养"益田力"的"护照"，这个"护照"的名字就是"MASPORT（益护照）"（请参考表 4-9）。如果真的能有这样一个"益护照"的话，那么就能把各个地区内的负责人通过孩子这个中心点联结起来。

表 4-9：MASPORT（益护照）评价项目

| 月 日 时 分 ~ 时 分 | | 项目名称 | |
|---|---|---|---|
| 能力项目 | 阶段一 | 阶段二 | 阶段三 |
| 向学力 | 应该做的事情能够按照要求推进（顺应） | 有不同的想法能够提出来（批判） | 能够以创新的思维展开推进该做的事情（创造） |
| 自爱力 | 能够享受自己应该做的事情（乐观） | 做事情的过程中能够坚持不放弃（自信） | 能够调整自己的言语、行动，不断完善自己（自省） |

## 第四章 培养非认知能力的实例——大人的挑战——

续表

| 月 日 时 分~ 时 分 | | 项目名称 | |
|---|---|---|---|
| 能力项目 | 阶段一 | 阶段二 | 阶段三 |
| 爱他力 | 能够与他人沟通，一同做事情（沟通） | 能够接受他人与自己的不同（接受） | 能够与他人各补其短、各取其长共同完成（协同） |
| 请根据孩子的表现写下您的感想： | | | |
| 请写下您参加了这次活动的感想吧： | | | |

那么"益护照"在益田市实际上是如何应用的呢？对此为各位读者介绍 2018 年开始在益田市立丰川小学与丰川学区内推行的实际案例。

丰川小学与位于学区内的"老年乐学校"（以下简称"乐学校"）的各位老人共同开展一年级的生活科目授课活动。针对这一课程丰川小学采用了一种简易版的"益护照"。当天课程的主题是"制作让七夕节更快乐的装饰物"，授课内容是一年级的学生向乐学校的老人们介绍提前准备好的七夕节的由来（照片 4-7），之后再与老人们一起制作七夕节的装饰物（照片 4-8）。学校的老师们提前向乐学校的老人们讲解了此次授课的教学目标以及"益护照"的相关情况。因此，这一堂课老人们就不只是单单与孩子们合作完成作品了，还需要在课程结束后根据教学目标并对应"益护照"对孩子们的表现进行评价。

照片 4-7：孩子们正在向老人们讲解七夕节的由来

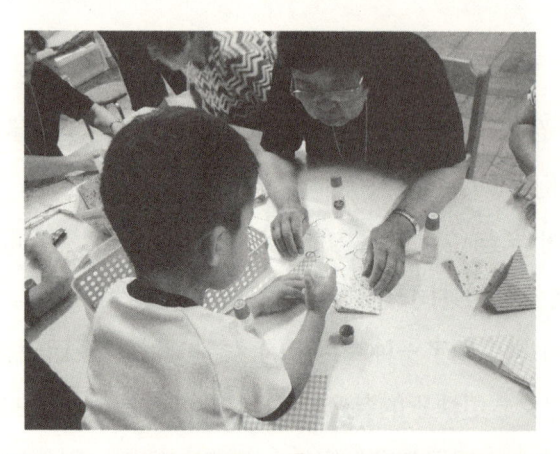

照片 4-8：正在和老人们一起制作七夕节装饰物的孩子们

乐学校的老人们对学生们进行了评价量规，以下列举几例对孩子们的评价。

在针对这一堂课的后期研究讨论当中，地区的其他人还提出"共同明确授课目标，且通俗易懂""相比之前，我们更加明确了

第四章 培养非认知能力的实例——大人的挑战——

应该在哪些方面评价孩子"等感想。另外，小学的老师们也表示"通过和地方的各个部门共同明确目标和观点，能够更多角度地关注并评价孩子们的成长"，由此可见，学区整体对于"益护照"还是持积极肯定的看法和态度的。另外，这次是丰川学区在学校课程当中与地方其他团体共同推进了"益护照"的应用，今后也计划在更多的地区活动中推广应用。

- A同学的解释说明非常通俗易懂，做得很好。
- B同学在大家都没有注意到的地方说着"注意垃圾"，自己把垃圾都收起来了，这一举动给我留下很深的印象。
- C同学很乖，不怎么说话，但是却集中注意力很好地完成了作品。而且，我问到的事情他都会很好地回答，笑起来也很可爱。
- 6名一年级的学生每个人都很干脆利落，朝气十足。我觉得解释说明也都做得很好。

就这样，丰川学区内"益护照"将成为一种媒介，将地区内为孩子们提供丰富生活体验的工作人员与小学的老师们联结在一起。这种人与人之间的联系，也开始将学校与地区的联系提升到一种前所未有的紧密与牢固的程度。另外，孩子们也能够通过"益护照"留下自己参加活动的履历记录，或许能将其应用在文部科学省（日本教育部）推行的"生涯护照"当中。

目前，益田市教委正在全市范围内积极推行"益护照"。益田市的挑战仍在继续！

岛根县益田市教育委员会（社会教育处）
邮编　698-0033
地址　日本岛根县益田市元町 11-26
URL https://www.city.masuda.lg.jp/

## ❺ 通过"内省的量 × 质"来培养"元认知能力"

——Learn-s（学习社）[①] 的挑战！"现在—未来手账"

### （1）"现在"的自己创造"未来"

"现在"的自己创造"未来"！这正是 Learn-s 股份公司（以下简称"学习社"）的口号，凭借这个口号，学习社向日本全国的初中和高中销售文件夹型手账。手账本来是用来管理日程的一种工具，大体是用作记录安排和制订计划的。正是基于手账的这一功能，初中和高中为了提升学生的自我管理能力，也会给每一名学生发放手账，并想让学生养成记手账的习惯，这已经是比较老套的做法了。学习社在日本首次提出"文件夹型手账"这一概念，为手账赋予了新的价值。根据这一概念设计的产品名为"现在—未来手账"。正如该公司的口号所提倡的一样，这一手账是能够帮

---

[①] 译者注：Learn-s 股份公司创立于 2001 年 4 月，是一家以出版教科书和教辅材料为主的出版社。2009 年开始进入学生手账市场。目前还没有官方中文译名，译者暂将其称为"学习社"。

## 第四章 培养非认知能力的实例——大人的挑战——

助现在的自己创造未来的工具。

> 所谓"文件夹"是指?
> 本义是指整理照片时用到的文件袋。在这里是指为了整理学生们参加过的体验活动、实践活动以及所取得的成绩等资料,并作为"学习的履历"保存下来的一种装置(媒体)。

日本冈山县的一所高中发生的一件事,让学习社关注到了手账还可能有的新价值。这所高中想要通过培养学生管理自己的日程,来实现比如"能够减少忘带作业等的情况""能够保证放学回家后三个小时的学习时间"等目标,"现在—未来手账"作为实现管理的一种手段被运用到其中。

这所高中同时也为了培养学生 21 世纪所需的能力,独立开发制定了评价量规(自我评价表)。在这一评价表中有一个评价项目为"元认知能力",其中不乏在自我评价中对这一项评价比较高的学生,在被问及原因的时候,他们当中很多人都回答"手账(的内省功能)起到了很大作用"。图 4-11 为各位读者展示了对于提升学生元认知能力发挥了一定作用的手账页面,并且特别想要请各位关注的是页面下半部分设置的"每日内省"这一栏。

对于这一结果,就连这所高中的老师们也是难以掩藏内心的意外与震惊。因为给学生发放手账的初衷是为了实现日程管理,最终不知为何提升了学生的元认知能力,这对于老师们而言也完全是意料之外的结果。

通过这件事情,学习社对于手账的功能更加深了一层认识,那就是，手账不仅能够完成日程的管理，而且还能够发挥整理并积累每天的内省这一功能，就像一个文件夹一样。

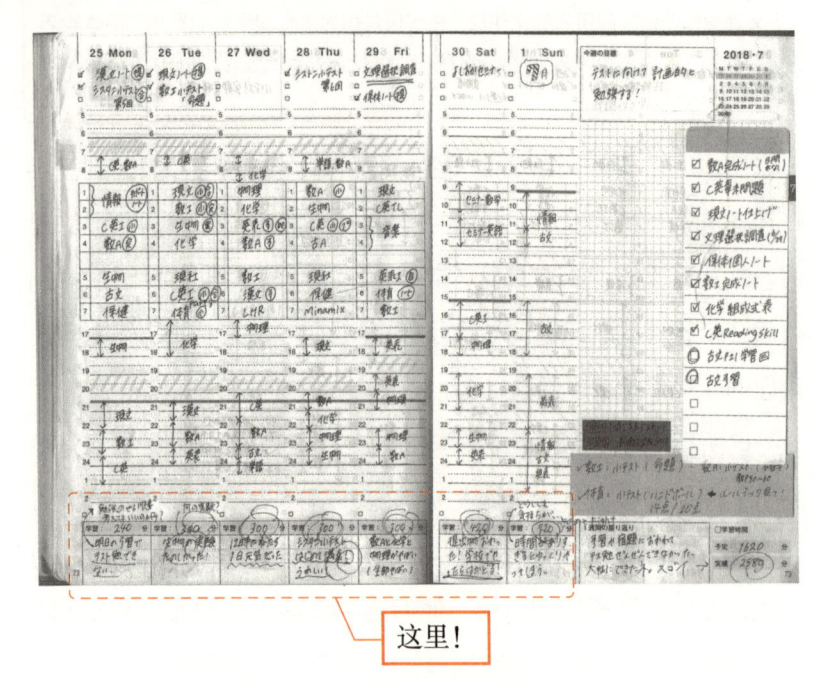

图 4-11："现在—未来手账"页面实例

## （2）让文件夹型手账进化并深化

文件夹型手账具有记录考试成绩、社团活动及志愿活动的实际情况，摘写听课或听讲座的感想等的功能。这就相当于是整理并保留下来了学习履历的"文件夹"。

但是从前文中高中的案例来看，我们明确了一点，那就是仅仅是按照时间顺序记录"发生了的事情",或是仅在听讲座等特别活动的时候记录下自己感想,这些对于学生而言都是无法提升其元认知能力的。每天在回到家后或是在睡前,回顾和反思一下这一天,并将这些想法整理成文字记录下来,只有这样日复一日的内省才会对元认知能力的培养产生积极作用。对于为什么会有这样的作用和影响,我们已经在第三章讨论说明过了。简而言之,就是我们对于日常行为在事后的内省,可以让我们在事情发展进程中进行"回顾和反思(精神认知)"成为可能。

针对这一点,学习社让文件夹型手账实现了又一次进化。将重心放在每日的回顾与反思(内省)这一点上,开发出了"内省型文件夹式手账"。这一新产品保留了以往的每日内省栏的设计,同时,还加入了新的设计点,在每一天的日程栏里区分出书写"发生的事(事件)"的空间与书写针对这一事件"想到的事(内心化)"的空间。实现这一效果的方法也很简单,就是在栏目内画线实现分区。然而,即便是这样一个简单的设置,对于日常生活中还未习惯这一方法的学生们而言,操作起来也绝非一件简单的事。针对这一点,为了让学生们能够有意识地培养这样的习惯,自 2019 年版的手账当中添加了使用说明书,如图 4-12 所示,并且还能够进行一定的练习。这样一来,不仅能够保证学生每天反思与回顾的量,而且还能够提升其质量,使反思与回顾更深入,对于这一点,我们在第三章中也为大家介绍到了。从此我们可以看出,"文件夹型手账"进化为"内省型文件夹式手账",是让文件夹的内容更深入了。

**挑战内省型文件夹！**

大家知道"文件夹"一词吗？

文件夹是将每日的学习活动、课外活动中所做之事记录下来的装置。实际上，大家所使用的"现在—未来手账"不仅可以用于日程管理，还具有"文件夹"的功能。

建议大家不要仅用它记录成绩排名、社团活动排名等结果，还可以多进行内省（回顾与反思），把"文件夹"做得更有深度。

简单来说，这虽然类似于大家每天写的日记，但通过在日记的"写法"上下功夫，回顾与反思的质量却能得到显著提高。此外，若大家能够有意识地去进行这种回顾与反思，那对大学入学考试、求职过程中的自我展示、面试等都是有帮助的。不仅如此，未来时代所必需的"元认知能力"也会得到提高。

"元认知能力"是另一个自己客观地掌握周围的情况并进行相应调整的能力，如"对！就是这样""再继续这样进行下去"。这种能力能够在学习、运动、日常对话等各种各样的场合得到运用。朋友们，为了提高元认知能力，请继续进行回顾与反思吧！

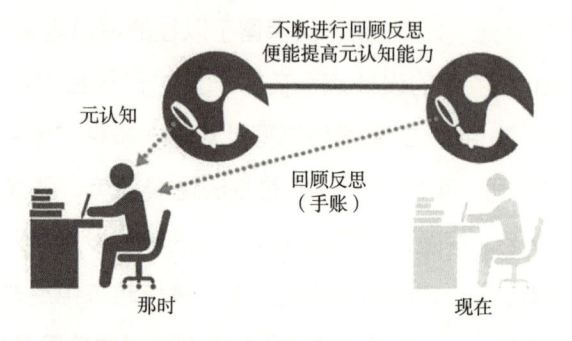

不断进行回顾反思
便能提高元认知能力

元认知

回顾反思
（手账）

那时　　　　　　　　现在

这里还有很重要的一点，即"进行何种回顾反思"。实际上，回顾反思也分为如下所示的四个阶段。朋友们，为达标（阶段3）请务必灵活运用"现在—未来手账"周计划页面中的每日回顾反思栏！

| 阶段0 | 阶段1 | 阶段2 | 阶段3 |
|---|---|---|---|
| 不对发生过的事进行反思回顾 | 仅在脑中对发生过的事进行反思回顾 | 仅用文字记录并回顾反思"发生过的事" | 用文字将"发生过的事"以及当时自己的所思所想记录下来并进行回顾反思 |

图4-12：股份公司Learn-s的"现在—未来手账2019年版本"摘选

第四章 培养非认知能力的实例——大人的挑战——

续图

那么，就让我们来练习一下吧！请参照给出的例子填空。

**练习1** 例 回顾反思最近发生的事情

| 发生之事 | 今天进行了英语单词小测试。 | |
|---|---|---|
| 所思所想 | 押对了出题范围，感到很开心！ | |

**练习2** 例 回顾反思最近发生的事情

| 发生之事 | 今天在参加社团活动的时候偷懒了，被学长批评了。 | |
|---|---|---|
| 所思所想 | 必须赶快跟上学长们的步伐，认真做事。 | |

**练习3** 例 回顾反思最近发生的事情

| 发生之事 | 去看了想看的音乐剧。 | |
|---|---|---|
| 所思所想 | 我想学音乐。接下来去了解一下有关音乐学院的事情吧。 | |

怎么样？将发生的事情以及当时的所思所想记录下来，进行高质量的回顾反思吧！

**周安排页面的此处**

在上面的两行内写"发生之事"
在下面的两行内写"所思所想"
尽量每天都坚持记录！

实际的周安排页面

| 学习：分 | 学习：分 | 学习 |
|---|---|---|
| | 发生之事 | |
| | 所思所想 | |

　　不需要进行特别的训练去提高用语言表达自己的想法、情感的能力以及元认知能力，只需要坚持每天努力一点并养成习惯就够了，正所谓"熟能生巧"。那么，就从入手"现在—未来手账"之时开始吧！

· 157 ·

## （3）为什么现在是"内省型文件夹式"手账呢？

其实学习社在开始大胆尝试这样一种新产品的时候，发生了一件非常有趣的事情，那就是在推广促销的时候，有好多学校的老师提出类似"都现在这个年代了还手写？""应用平板电脑或者IT技术不是更好吗？"这样的意见。日本文部科学省引进了"JAPAN e-Portfolio"，并在逐步推进这一系统能够发展成为应用于入学考试制度的系统。在这样的时代背景下产生类似"都现在这个年代了还手写？"这样的质疑也无可厚非。原本应用IT技术和平板电脑的文件夹，就学校和老师这一方而言，在信息管理及其应用方面有着极大的优势，那就是可以将这个学生的经历方便快捷地共享给升入的学校或者就业的单位。

然而，也有老师提出"每日的回顾和反思是很有必要的！""正因为是手写才更好！"的意见。那么，究竟手写的价值是什么呢？对于这一点，老师们共同认为"现在—未来手账"的每日回顾和反思（内省型文件夹）有以下两点价值。

第一，手写的"现在—未来手账"本身就是对一种学生的教育活动。能够让每天回顾和反思成为一种习惯，并且对于这种习惯刻意地采用手写的方式，进而清除生活中全是平板电脑的现代生活弊端……

第二，有些老师会每天或者每周确认学生们是否用"现在—未来手账"记录下自己的每日回顾和反思。尽管教学任务繁重，但仍将学生的日常放在第一位，这样的想法本身就令人钦佩。这一部分老师认为，通过学生记录的回顾与反思的内容以及手写所独有的蕴含在文字中的感情，能够感受到学生的内心活动，并在有需要的时候给予学生必要的帮助。

了解了老师们对学生每日书写回顾与反思所给予的价值认可，我们感到十分高兴。文件夹原本是用来整理积攒下来的照片时所用到的袋子。正如图4-13所展示的那样，如果把一张一张的"照片"看作考试的成绩、社团活动或是志愿活动的话，只是把这些照片整整齐齐地排列收藏就够了吗？如果在升学面试或者工作面试的时候被问到"你在高中时期都在什么事情上付出了努力？"，仅仅从文件夹里拿出一张"照片"是远远不够的，因为照片仅仅是给对方展示了个人所经历和体验过的事情，更为重要的是将这份经历和体验变成经验，并用自己的语言阐释出从中学习到的东西。这一点在今后的时代发展中也将越来越重要吧。

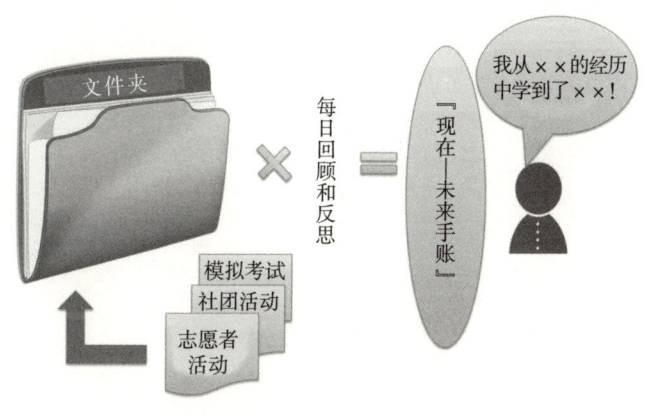

图4-13：记录每日回顾和反思的"现在—未来手账"

为此，我们要的不是临阵磨枪式的组织语言，而是在日常生活中就获得的一种将其讲述出来的习惯。因此，为了获得并提升元认知能力以及将自己的经验和学习到的东西用自己的语言讲述出来的能力，无论从量的层面来讲还是质的层面来讲都需要我们每天认真地做好回顾与反思。

---

Learn-s 股份公司
邮编　700-0807
地址　日本冈山县冈山市北区南方 3-7-17
URL https://www.learn-s.co.jp/

## 第四章 总结

### ——从大人的挑战中得出的总结

- 想要让孩子们获得并提升非认知能力，仅仅通过语言传达，或者单方面的填鸭式教学是很难实现的。从更广泛的意义上来看，为孩子们创造环境或者提供一些让他们想要去参加的项目，就显得尤为重要。

- 想要培养孩子们的非认知能力以及元认知能力，相比从零开始创造一个完全新的项目，更好的做法是，针对目前正在推进的项目或是即将展开的项目，明确（而不要泛泛而言）想要在这一过程中培养孩子们的哪一种能力并形成文字，同时将其作为一种"精华"加入到项目中去。

- 培养孩子们非认知能力和元认知能力的方法（行动），没有必要一定是最先进、最前沿的，我们可以从一直以来进行的活动（比如，书法、策划会议或者日记手账等）中发现需要的新价值。为实现这一点，我们必须明确要培养孩子们的哪一项能力。

- 为了不让培养并提升孩子们的非认知能力流于纸面、成为口号，我们就需要让用于评价的项目内容更具体并切实应用起来，这样才能够明确孩子们目前能够做到的水平，以及今后需要什么样的帮助和引导。同时，与孩子们有接触的成年人也能够共享这些信息。

● 最后，成年人请继续挑战培养孩子们的非认知能力吧！

## 第五章 >>>
# 成年人也需要培养非认知能力!

## 💡 指南

非认知能力——在现代社会被认为是需要具备的一种能力，并且未来社会对这一能力的要求会越来越高。从第一章到第四章我们着重阐述了通过什么样的方法让即将成为下一个时代领头人的孩子们获得这样一种能力，针对这些方法我们成年人又能够做些什么。并对此给出了笔者的建议和方案。

但是，请稍等一下！这项能力我们成年人也是需要具备的吧？在接下来的时代里要生存下去的不仅仅是现在的孩子们，我们成年人也同样要继续生活下去。非认知能力不仅是我们需要帮助孩子们获得的一种能力，也是我们这些成年人需要获得并一直维持下去的一种能力，正如同达尔文的那句名言——"适者生存"。更为重要的是，孩子们是会看着一直培养并维持非认知能力的成年人长大的！对于这一点我也在第三章中给出了建议。

那么，就会产生这样的疑问。

> 小刘：虽然工作能力很强，但是做人还是有一点欠缺。
> 小张：虽然工作能力稍有不足，但是人很好。
> 那么如果是你的话，你会更想与哪一位一起共事呢？

如果是各位读者的话，会选择哪一位呢？毫无疑问，如果有一位"工作能力又强，人又很好"的人的话那一定是最好的。但是，如果一定要从以上两位中选择一位的话……倘若自己是下属，想扎扎实实地提升自己的工作能力，那么还是要跟工作能力比较强的人好好学习，这种情况下，可能会选择小刘作为上司；如果是自己平级的同事，想要相互取长补短、工作氛围更融洽的话，那么可能会选择小张一起共事。对于这个艰难的问题而言，无论是哪一种选择，都需要加上一些附加条件才行。

对于这一艰难的选择，我们试着将其理解为认知能力与非认知能力来看一下呢？工作能力很强，意味着这份工作所要求的认知能力（主要为专业知识和技能）过硬；相反地，工作能力稍有不足，可能是认知能力上的不足，当然这也会根据不同的工作内容和领域有所不同。

我们再来看看小刘和小张二人非认知能力的情况。假设小刘是因为有对于工作所需的必要知识和技能不断提升的意愿和上进心，才造就了现在工作能力出众的话，那么不可否认，他有很高的非认知能力；另一方面，我们无法简单判断小张的提升意愿和上进心，但是如果小张被评价为"人很好"是由于他平时对待同事能够体谅对方并善于社交的话，那么可以推断小张的非认知能力也很强。从这一点来看，小刘可能在与同事协同合作的非认知能力上略逊一筹。

如上所述，不同的行业和职业要求从业人员具备的专业知识，也就是认知能力是不同的。根据这一能力可以从一个方面来判断和评价一个人工作能力的强弱，然而，工作能力强的人非认知能力不一定很高，工作能力弱的人非认知能力也不一定很低。小刘具有不断提升自己的意愿和上进心，小张拥有对他人的体贴并善于社交。如果是这样的话，那么二人都可以说具有很高的非认知能力，只不过二人具备的非认知能力不同。

对此，如果二人想要成为我们刚才提到的"工作能力又强，人又很好"的完美同事的话，小刘和小张各自又需要培养怎样的非认知能力呢？

比如说，小刘可能需要与同事构建和谐人际关系的非认知能力，小张可能需要能够切实提升自己专业知识和技能的非认知能力（当然这只是一种可能性，并不局限于此）。因此，从非认知能力的视角来看，不只是对青少年，对于成年人（已经参加工作的人）而言，也能够确定其需要提升的某一项能力。

一件比较令人欣慰的事情是，即便是已经成年，也可以继续培养并提升自己的非认知能力。如果是这样的话，相信很多读者也不会满足现状想要继续提升自己的能力吧（虽然不满足于现状也是非认知能力的一种）。未来，大部分人都能够活到100多岁，让我们一起来适应时代不断地更迭变化，提升人生的幸福感吧。成年人在生活中不断提升自己的非认知能力，对孩子们会起到重要的模范作用和鼓励作用。

那么为了提升自己的非认知能力，我们需要注意一些什么呢？就像在第三章中介绍到的，我们需要改变怎样的体验、经验或者学习内容才比较好呢？在接下来的章节里我会与大家分享！

# ❶ 首先从即将参加工作的学生时代开始

## （1）如果大学生能够获得非认知能力，那么就会成为引领新时代的"人财"

这里所说的"成年人"并不仅仅指已经参加工作的人，也包括 18 岁以上的学生（大学、短期大学、职业学校等），他们通常都是在高中毕业后进一步升学的。到这一阶段后，相比高中的时候，学生们有更多直接与社会接触的机会，也会有许多 18 岁以上才有的选项。所以说，这一阶段是一个很重要的人生阶段，学生们在这一阶段也是可以获得并提升个人的非认知能力的。

特别是四年制的大学生活中会有许多上课之外的自由时间，因此大学时代在很多时候会被戏称为"人生的暑假"。在日本，学生一直到高中为止都被称为"学徒"，到了大学开始被称为"学生"，学习的行为也是由师从他人习得知识的"学习"，转变为自发主动地钻研修习的"学修"，从语言词汇的转变可以看出，大学生原本就被要求去追求更高质量的"学习"。有着自己想要学习的课题（或想要研究），明确自己想要从事的职业，在这一过程中走向毕业的目标，可以说，学习并掌握学问去"学修"才是大学生该有的姿态吧。

然而，从日本整体情况来看，有意愿继续读大学的学生数整体少于目前大学可容纳的人数，描述这一情况的词汇"大学完全升学时代"的出现也已经过去了十几年。近年来，日本 18 岁以下的人口不断减少，与之不相应的是大学的数量却在增加，由此导致了"2018年问题"①，大学的经营也陷入了一种危险的境地。因此，无论学生是否有提升自己的动机，都必须被接纳入学（这样一来，大学的入学基准也有所降低）。

这样一来，如何提升学生在大学期间的满意度、如何提升大学毕业生最终的就业率，就成了大学为了在下一次招生时获得更多学生的青睐而面临的课题。为此，大学也不得不开始提供各种各样的"服务"，但也有人对此产生质疑，这些"服务"是否真的有助于提升大学生们的自主和自律还未可知。

这种情况下，就会产生一个疑问，那就是大学教育原本应该是什么样子的呢？这里并不是说"以前的大学才比较好"，如果我们刚才提到的那些"服务"真能提高学生各项能力和上进心，而以前的大学没能实现这一点，那么这也可以说是结合当今时代和社会需求而提供的一种真正的"服务"（或者说"奉献"）。

在这里，我想说的是，如果大学不仅能够培养学生的认知能力，同时也能培养并提升学生的非认知能力的话，那么大学就能

---

① 译者注：2018年问题是指日本因少子化造成18岁以下人口持续下降，使得大专院校无法招满学生，升学率难以提升，由此可能导致大量学校废除或合并的问题。

够为社会输送更多引领接下来时代浪潮的"人财"。

## （2）大学开展生涯教育的方法与可能性

2011年，日本文部科学省要求大学及短期大学等高等教育机构必须同时考虑为学生提供生涯教育。我们在第一章就已经介绍过，这里所讲的"生涯教育"并不仅仅局限于职业教育，而是一种更广泛意义上的教育。对此，日本全国的大学都开始推进生涯教育，其推行的方法和内容也各不相同。相对比较典型的有，设置专门针对学生就业提供支持和服务的"就业中心"，或者开设"生涯教育论"这样的理论学习课程等（前者是绝大多数学校的做法）。

那么我所在的冈山大学的情况又是怎样的呢？冈山大学在2011年强制要求之前就对学生就业展开了细致入微，甚至可以说是奉献型的支持和帮助，与此同时，还开发建立起成体系的生涯教育项目并将其导入到正式课程当中。也就是说，我们不仅在"出口（就业）"这一个点开始，而是从"入口（入学）"就已经开始重视对学生的生涯教育了。特别是学校还对正式课程之外的社团活动等花费一定精力予以支持，并将其作为生涯教育的一个环节，这一点可以说是在生涯教育的推行过程中的独到之处了。

通过通识教育和专业教育这些正式课程，学生主要能够获得并提升其在学术领域内的学术性认知能力（专业知识与技能等）。当然在这一过程中也是包含着生涯教育要素的，正如我们在第一章介绍的，通过这些教育肯定会使学生们获得并提升基础性的、通用的能力。

但是，为了让学生获得更全面的非认知能力，不仅要在正式课程中有所体现，课外活动发挥的作用更大。这一点与我们在第三章提出的对小学生而言，放学后的课余活动的重要性是一致的。

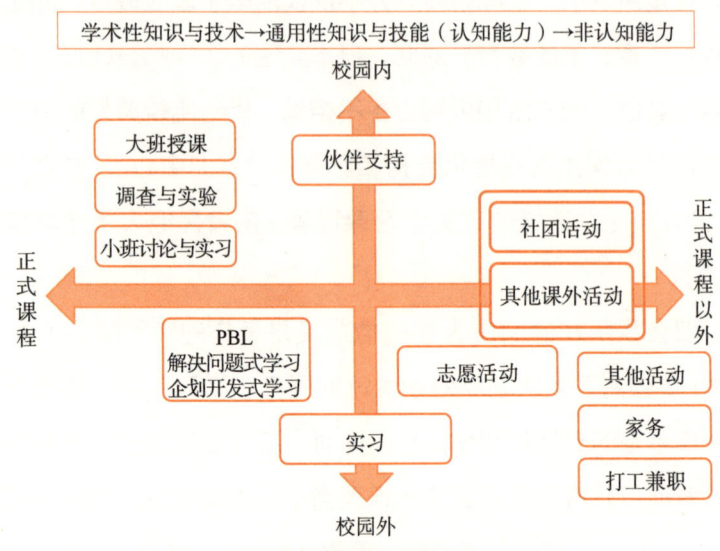

学术性知识与技术→通用性知识与技能（认知能力）→非认知能力

校园内

正式课程：大班授课、调查与实验、小班讨论与实习、伙伴支持、PBL 解决问题式学习 企划开发式学习、实习

正式课程以外：社团活动、其他课外活动、志愿活动、其他活动、家务、打工兼职

校园外

图 5-1：大学正式授课与课外活动的概览图

冈山大学主要对学生自主参加的课外活动予以支持，并作为生涯教育的一个环节，借此让学生在冈山大学就读期间也能够继续培养并提高非认知能力。如图 5-1 所示，其中方框圈出的"社团活动"以及"其他课外活动"是冈山大学生涯教育支持和帮助的对象。

第五章 成年人也需要培养非认知能力！

　　这里需要各位读者注意的是，大学将社团活动作为学校生涯教育的一部分予以支持，绝不是为了提高各个社团的竞技水平[①]，而是为了支持社团活动中共通的能够提升学生非认知能力的部分。

　　比如，所有社团都会面临的社团运营（管理）以及领导问题，为了保证社员或社团练习时间解决问题，在得到各方的理解与支持后表达感谢等等。针对这些共通的问题，学校组织所有参加社团活动的学生通过研讨会、交流会或体验地区志愿活动的形式，亲身体验，积累经验，最终内化为能力。这些都与培养并提升学生的非认知能力有一定的关联。

　　另外，这一支持活动并不仅仅针对参加社团活动的学生。冈山大学学生综合服务中心还对团体的支持对象设有"冈大Pro！"项目，这也是图5-1中"其他课外活动"当中的一部分。这一项目始于2011年，当时的初创成员们以"冈山大学produce、promotion、project"为目标走到了一起。这一学生团体是想通过自己的力量让更多的人了解冈山大学，参与其中的大多数是没有参加其他社团活动的学生，他们在这里发挥创造力和企划创意，自发自主地驱动项目，与团队成员和校外人士共同合作，并最终落地实践。这其实是一种非课程的课外活动中的PBL（企划开发型学习活动），同时也能积累不同于一般社团活动的经验，让学生们在这一过程中培养并提升不同类型的非认知能力。

---

[①] 译者注：由于日本大学的社团也包括专业水平较高的体育类社团，并且每年会代表学校参加各类比赛，所以这里作者用了"竞技"这一词。

### 培养比成绩更重要的非认知能力

上图为社团代表参加领导力研修研讨会的场景。
下图为学生们清扫地区内灌溉水渠场景。

照片 5-1：针对参加社团的学生们展开的研讨会和地区志愿活动

如上所述，我们介绍了冈山大学在推行生涯教育的过程中，作为学校教育的一部分支持学生培养并提升非认知能力的一个实

第五章 成年人也需要培养非认知能力！

例。像这样拓展学生体验的支持行动，对于学生而言会成为一个契机，由此把自己积累的经验内化为能力。从方法来看，无论是儿童还是大学生，我相信是没有什么不同的。由此，我们也可以认为已经走向社会的成年人在这一点上大体也是相同的。这也是本章最主要的一个观点。

下一节我们将对成年人如何整体培养并提升自己的非认知能力给出建议。

最上面一张照片为与股份公司山方永寿堂共同开发的"冈大黄米年糕"。
中间为庆祝冈山大学建校70周年开发的"冈大护身符"。
最下面一张照片为经过公开募集、投票决定，最后制作的学校吉祥物"银杏仔"。

照片5-2："冈大Pro！"学生团队的部分实际成果

# ❷ 成年人更能拓宽体验与角色的广度

## （1）为了发现各种各样能力的"短板"，我们需要做什么？

请大家回想一下我们在本章指南部分讲到的小刘和小张的事情。我们对一个人的评价不能只有"很能干"或者"人很好"这样笼统的一概而论，而应该对其各方面的能力，包括非认知能力在内，指出其在哪些方面比较突出，在哪些方面又有不足。当把非认知能力加入到共通的评价语言当中后，我们对一个人能力的评价将会变得前所未有的认真而细致（并非一概而论地笼统评价）。这不仅是在被别人评价的时候，在我们自我评价的时候也是十分重要的。也就是说，我们能够在了解自己能力"长处"的同时，也能够注意到自己能力的"短板"。

但是，这在我们的日常生活中是很困难的一件事。日常习惯内省、能够有意识地进行自我理解与自我分析的人还有可能做到；如果日常都被工作步步紧逼，失去了自己空间的话，就更难做到。这一点与前文讲到的大学生的课外活动也是有关联的。拓展自己体验的广度——也就是不断去丰富新的体验。这里所说的"新的体验"每个人都不尽相同，或许在工作当中，或许在家庭生活里，或许是自己的兴趣，总之，正是在这看似平凡的日常生活中却蕴藏着对我们而言"新的体验"。

有的人会有意识地创造这样体验的机会和情景。比较典型的例子就是跳槽、培养新的兴趣、参加志愿活动或者参加兼职工作等。像这样日常比较活跃的人们，因为经常会积极主动地去进行新的体验，所以更容易发现自己能力的"短板"。

然后，在意识到自己能力上的"短板"后，当然也包括非认知能力在内（经验），就会想要去改善或提升这部分能力，进而就会去学习。当然，并不是所有人都能够自发主动地去做这些事情，有的时候也需要被动地去参加一些新的体验。

另外，在进行新体验时，会发现成年人相比之前会有更强的意识性（有的时候是被要求具有），这不正是一种"角色"的要求吗？也就是说具有一种角色意识。我们以前文中介绍到的大学生社团活动为例，即便是在同一社团，随着学年的升高也会渐渐承担比如部长、会计等角色。如果角色改变了，要求具备的能力也相应地有所不同，那么在这一角色上体验到的和学习到的东西也是不同的。虽然角色在儿童的活动中也会有，但是在各种各样的角色当中拥有明确的自我角色意识，进而更好地"扮演"这一角色，更是成年人需要做到的事情。在这一过程中，为了更好地"扮演"这一角色需要具备的能力，也应该随着角色的变换而有所改变。

比如，大多数情况下，一个家庭当中相比孩子能够意识到自己的孩子这一角色，父母能清楚地意识到自己父母的角色是更为合理的（当然也会随之产生作为父母的责任）。这样，父母就会明确想要"扮演"好父母这一角色应该做的事情，以及作为父母所应该具备的能力。在家里总是大声呵斥孩子的父母，在意识到父母这一角色是需要维护家庭内部和谐氛围这一点后，就会提升自己的克制力，在生气时有意识地"深呼吸"，如果真的能做到这些的话，就会培养和提升自己的非认知能力。

如果从一开始就没有这一角色意识，或者是即便有很清楚的角色意识但并没有做出该角色应该做的事情的话，那么好不容易意识到了自己的"短板"，但却没有通过继续"学习（获得并提升能力）"来改善。这里的"角色"并不仅仅指我们在职场的职位，在日常生活各种各样的情境中，我们都要意识到自己在"扮演"着什么样的角色（或者应该"扮演"什么样的角色），这与我们培养并提升与之相关的非认知能力是密不可分的。

## （2）具有一定的灵活性与一颗谦虚的心是关键

这里要再次介绍一下我们在第一章介绍过的两位学者。首先是约翰·克虏伯，他的研究是取得社会性成功的人们所具有的共同点是什么，通过不断地研究（主要是采访调查）积累，最终得出了"有计划的偶发性理论"。这一理论的主要观点是人的一生并非完全是自己亲手创造开拓出来的，占据了人生约80%的偶发性事件，会对人的一生产生重大影响。因此，我们不是要去避免这些偶发性事件的发生，而是要最大限度地利用这些偶发性事件，同时还要去积极地创造这样的事件。

克朗伯还提出，能够做到这一点的人们，他们人生中的偶发性事件都像是有计划有安排的事情一样。并且明确指出能够做到这一点的人们都具有以下五个共同点（也就是非认知能力）。

①好奇心（能够了解新的东西并想要去学习）

②持续性（即便遭遇失败也能够不放弃、继续努力）

③灵活性（能够根据不同的情况，灵活地改变自己的态度和对事物的想法）

④乐观性（相信自己能够好好把握眼前的机会）

⑤冒险精神（能够不考虑结果，第一时间行动起来）

这之中特别想让大家关注的是第三点灵活性。之所以这么说是因为还有另一位学者也同样提出了这一点，她就是卡罗尔·德韦克。卡罗尔·德韦克在研究"思维模式（如何看待事物）"的过程中明确提出，如果一个人有一种灵活的思维模式，那么他就能够不断成长；如果一个人的思维模式是僵化的，那么在他的身上就无法再看到成长了。同时将前者命名为"成长型思维模式"，后者命名为"固定型思维模式"。

不同的学者都共同提出了"灵活性"这一非认知能力的重要性，灵活性是一个人培养并获得其他非认知能力及认知能力的原动力。

那么为了获得这样一种灵活性，我们就必须有一颗"谦虚"的心。正如"粒满穗垂，知博益谦"这句谚语所表达的，人随着年龄的增长、岁月的沉淀，会明白原本不明白的东西，了解自己原本就不足的地方。这正是因为对于学习和学问有一种谦虚的态度才能保持的一种姿态。从前辈那里学习经验让自己发展成为职场领头人固然重要，但同时保持一种从下属和后辈的身上学习的心态，才是成为一个持续提升非认知能力和认知能力成年人的开始。

与自己的学生和自己孩子之间的关系也可以说是相同的。比如，被自己的孩子问到"为什么我们必须要学习呢？"的时候，各位读者都会如何回答呢？可能会是"如果好好学习的话，就能成为一名合格的社会公民！"，或者"好好学习进入好的高中、好的大学，这样就业的时候才会有更多的选择！"，等等，好像都是听到过的一些回答示例。又或者有的时候也会有"学习什么的，不想学就算了！健健康康好好长大就好！"这样的回答。对于类似这种没有标准答案（没有共同答案）的问题，作为一名父母、一名教育者或一位人生的前辈，给出的答案里要蕴含着乐观与自信。

所谓对学问的谦虚，是产生于总是不断地直面不懂的问题的这样一种自觉当中的。那么听到孩子们提出的问题，一种成年人会意识到这样的问题自己也不清楚，并同孩子一起思考；还有一种成年人会倾听孩子的想法和考虑，从孩子的思考中学习。这样的成年人们，对于孩子们而言一定是魅力十足的，并且会成为孩子们理想中多年后的自己。就如同能够真心实意地说出（而非场面话）"对我而言，孩子们就是我的老师！"的学校老师一定也是闪闪发光的一样。

## （3）成年人也能够提升认知能力吗？

此前的章节中我们主要聚焦于孩子们，如果说到认知能力，在大家的印象里就是教科书里教授的知识和技能。但是，引用OECD对于"认知性技能"的定义，有以下几方面：

> 基础性的认知能力（模型认知、处理速度、记忆）
> 获得的知识（调动、提取、解释）
> 推测的知识（思考、推论、概念化）

也就是说，认知能力并非是局限于教科书中的知识和技能这一狭义的能力，而是有更为广泛内涵的能力。如果我们像上述定义来理解认知能力，成年人也需要获取并提升自己的认知能力就不言自明。这一点无论是在工作上、生活中还是家庭里都是一样的。只是不会再像上学的时候那样不时地做测试检测学习程度，在关键节点还要通过考试（虽然成人的世界里还有资格考试和晋升考试等）。

但是，会有需要学习、吸收一些知识和信息的时候，也有需要运用这些学习过的知识的时候。有时需要贯彻落实报告、联系和商量工作，有时需要做简单易懂的讲演展示，有时需要制作企划书或报告书。由此可见，社会要求一名成年人所具备的认知能力（虽然并不会每一项都做测试定级）可能要比学生时代更全面、要求更高，甚至还会对完成的速度有要求。

根据我此前给出的建议，要求成年人具备的认知能力与非认知能力也是可以通过二者的相互作用共同提升的。虽然确实有像记忆力这样的认知能力会随着年龄的增长而衰退，但是从前文中对广义认知能力的定义来看,即便年龄在增长,但认知能力整体上也并不一定会下降。这样来看的话,越是那些从小到大一直坚持提升非认知能力的人们,就越具有提升认知能力的潜力。这是因为有了自己主动想要学习和提升的意愿,就会不满足于现状去挑战各种各样的事情。如果想要为他人、组织或社会做更多的贡献,那么就能为了解决眼前的难题倾注更多的精力。这样的人无论是自己对自己还是周围人对自己的要求和期待都会更高,所以要做的事情(体验与角色)也会更多,因而为了适应更多的需求就能够不断提升自身的认知能力。

正因如此,在孩提时代不能仅仅培养狭义上的认知能力,同时也要培养非认知能力,这与成年后提升自己的认知能力有密切联系。当然,不仅是在孩提时代,在成年之后如果还能继续培养非认知能力,那么也是一种有效的促进认知能力提升的方法。无论如何,即将迎来"百岁人生时代"的不只是现在的孩子们,还有我们这些成年人。成年人为了度过更为丰富多彩的百岁人生,也应该发挥认知能力与非认知能力的合力作用(复合效果)。

### (4)成年人也要重新学习的循环教育的可能性

随着社会步入"百岁人生时代",也开始要求成年人继续培养并提升自己的认知能力和非认知能力。为实现这一点,近年来日本在推广"循环教育"这一举措。所谓循环教育,就是为了让成年人重新学习的一种机制,这一机制开始在大学、短期大学以及职业学校等机构当中推广开来。为了获得职业提升（比如跳槽或重新就业）而想要考取职业资格的人，就会去参加循环教育。另外，为了创业而学习积累必要知识和技能的人也在逐年增加。当然，也有想要进一步提高自己的知识素养，或者想要学习应用到终生事业当中的知识而去参加循环教育的人。

其实我本人也基于自己在二十多岁的时候工作过的"小学托管班（儿童放学后社团）"的经历，想要根据自己的亲身实践经验，将从事这一工作的专业人员应具备的素质以文字的形式整理归纳并将其理论化，所以才辞去工作考入了研究生院，这也可以说是另一种形式的循环教育吧。所以，我们不能将接受教育的时期局限于幼儿时期至青年时期这一时间段，而是即便已经成年走向社会也还能接受教育，能够继续学习。"循环教育"这一机制不仅与培养和提升认知能力与非认知能力密切相关，而且也能够提升个人的生活品质。这正是越来越多将要度过更漫长人生的人们所必不可少的一种态度（机制）吧。

但是，比较遗憾的是，很多国家的循环教育机制还不够完善。即便有人想在工作结束后直接去接受再教育，也会有诸如附近没有可以参加的教育项目，或是因为工作忙并没有时间去接受教育项目等困难。加之就目前的情况而言，即便是接受了循环教育也很少能得到相应奖励和回报（加薪或升职等）。今后如果能不断充实循环教育机制，大人在孩子面前展现出一种主动学习的姿态，那么孩子自然也能够提升对于学习的意愿了吧。

## ❸ 成年人能为孩子们做的事

### （1）我与我父亲的故事

接下来虽然要讲我自己的事情有些不好意思，但还是请允许我讲一下我和我父亲的故事。我的父亲在他68岁（2004年11月21日）的时候因为心肌梗死去世了。父亲的性子非常急，我小的时候做事情慢了一点，他就会瞬间像是水开了的壶一般高声怒吼。从这一点来看，他绝对称不上是一位"好父亲"。

但不可否认的是，父亲对我的成长影响很大。比如，在我小的时候，父亲从来没有硬要求我去补习班或者兴趣班。相反地，我想要去做的事情，父亲的支持甚至让我觉得有点过于支持了。

当我在学校被老师或是前辈训斥，回家闷闷不乐的时候，父亲总会笑着鼓励我说："这也是对你的一种锻炼啊！"（如果对应到非认知能力当中的话，这应该是乐观性吧）。父亲将我本来悲观看待的事物，重新以乐观的态度帮我矫正。

但是，我在初中的时候参加田径运动会1500米的项目时没有尽全力，只想着蒙混过去，父亲在听说了这件事情后，大发雷霆，把我训了一通。至于为什么，他说："我并不是因为你名次比较差而生气,生气的是你没有尽全力去跑这件事!"

　　这就是我的父亲,他也曾极力反对过我喜欢的事情。那就是我大学毕业后成为一名"学龄儿童保育指导员"的时候。我原本就想从事儿童教育的相关工作,所以曾经一度想要成为一名小学老师,对于这一点,父亲还是相当支持的。但是,一个偶然的机会让我改变了想法,最终成了一名学龄儿童保育指导员。当时(1999年)每月工资是7万日元,没有社会保险,也没有加薪,可以说工作的条件是相当恶劣了。父亲在得知这一情况后,自然是愤恨地呵斥道:"现在马上给我辞职回家!"而我当时已经强烈地感受到了学龄儿童保育工作的价值所在,并且意识到了其对于社会的意义,因而我也固执地说:"我绝对不会辞职的!"自此之后,几乎每个周末我都会和父亲吵架。这样的日子持续了很久,可能是由于我对于自己的工作越来越坚定的意志以及薪资待遇方面的改善,父亲与我之间的争吵逐渐消散了,就在这时父亲突然急病离世。我一面承受着巨大的打击,一面还得作为丧主慌乱地主持着父亲的葬礼。

　　在葬礼进行的过程中,前来吊唁的父亲生前好友都会对我说"你是儿子吧。听说你在做学龄儿童保育的工作",而且不止一位对我这样说,我满是疑惑。最终我问了其中一位:"您怎么知道的呢?"对方告诉我:"你父亲经常在我们聚会的时候说'我家儿子现在在做学龄儿童保育的工作,希望各位多多帮衬着点吧'。"后来,在葬礼过去一段时间后的一天,我在收拾父亲的书房时发现书桌的抽屉里都是关于学龄儿童保育的新闻报道，这些报道就连我这个"当事人"都没有去搜集整理。那个时候，我才第一次强烈而真实地感受到原来父亲是如此支持我的选择。这件事也激励着我为健全学龄儿童保育制度并丰富儿童的成长教育环境，尽我自己最大的努力坚持挑战下去，同时这件事也成为我学习"父母应有之姿"的契机。

在儿童成长的"环境（除了自己以外的所有人、事和物）"当中，家人等具有重要意义的他人对儿童的影响之深自无需多言。

现在，亲子关系的存在状态也变得更加多样。从过去的纵向（父权性的）关系发展到现在横向（朋友性的）关系，至于哪一种才是亲子关系当中的正确答案，我们并不知道，但无论亲子关系存在的形式如何，父母都应教会孩子些什么，传递给孩子些什么。

但是，父母想要教给孩子的、传递给孩子的不一定马上就被孩子接受，甚至孩子可能一直都不明白不理解。在孩子们自己也逐渐成为大人的过程中，可能有一天会突然意识到"那时候那件事原来是这么回事啊"，这才转变为自己学习的过程（说来惭愧，我自己也都是在过后才明白过来的）。这一点，其实不只是父母，所有与孩子成长相关的成年人都应该明白，即便孩子永远都无法理解你所做的事情，也应该把为了他们所做的"放下去"，这是很重要的。但是，你"放下去"的东西孩子是否都能够重新拾起，可能还要交给孩子自己去决定了。

## （2）向孩子们展现成年人积极的姿态

前面我已经提出了成年人为孩子"放下去"一些东西的重要性，但是"放置"的方法其实还是不尽相同的。或是通过语言直接告诉他们，或是找个替代的东西传达给他们，或是成年人直接以身作则等。学习是始自"模仿"的，其实除人类之外的动物们想要教会自己幼崽些什么的时候，都会将其在幼崽面前演示一遍，然后再由幼崽重新做一遍（模仿）就能够学会了。就是所谓"建模（modeling）"的方法。

孩子会认真地观察身边的大人（特别是重要的他人），看着大人的做法学习着对事物的看法和理解。对于这一点的代表性思考就是佐伯胖（日本著名教育家）的"学习的甜甜圈理论"。请参考图5-2。

第三人的世界=THEY

重要的他人、成年人们=YOU

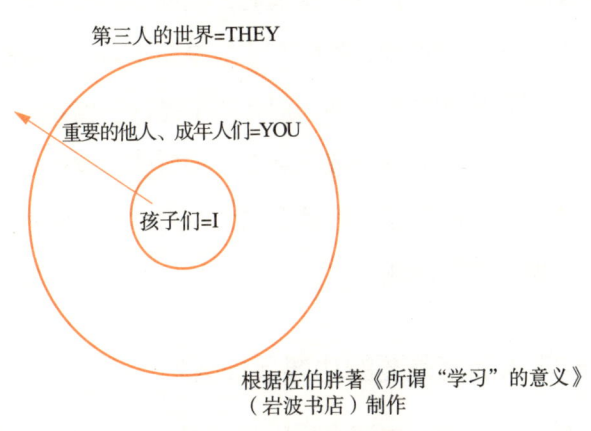

孩子们=I

根据佐伯胖著《所谓"学习"的意义》
（岩波书店）制作

图 5-2：学习的甜甜圈理论

如图所示，孩子们（I）会通过重要的他人、成年人们（YOU）来理解和观察第三人（除重要他人以外的其他人）的世界（THEY）。因此，如果父母当着孩子的面说班主任的坏话，那么这个孩子对班主任的态度和看法也会随之变成消极和负面的。每一位父母都必须有一种自觉，那就是我是自己孩子的重要他人。当然，这其实也不仅仅局限于孩子的父母，与孩子直接相关的成年人都是一样的。

如果大人不断向孩子发出肯定的积极的理解，在孩子面前总是展现出一副积极乐观的样子的话，那么孩子对于第三者世界的看法和理解也会转变为积极乐观的。如果大人总向孩子展现出一副工作很辛苦，学习也是很痛苦艰难的事情，走向社会后根本不要谈什么梦想等等这种样子的话，那么孩子真的能以一种积极的心态去面对成为一个大人这件事情吗？相反地，如果大人向孩子展现出的都是工作很享受，不断在积极重新学习，总是在朝着梦想的实现迈进这样的姿态的话，那么是不是孩子也会想快点成为这样的大人呢？大人究竟给孩子展现一种怎样的姿态，这是大人给孩子"放下去"的东西，而且现在大人的姿态也会对孩子，进而对未来的世界产生影响。

## （3）对成年人而言重要的功课是什么？

对于成年人而言，为了今后时代的发展还需要做一项功课。根据第一章中落合阳一提出的问题，我们介绍过人类为了与人工智能共生存、同协作，需要在负责现场实践和实际工作层面之上增加或提升至创造层面的观点。那么这里谈及的创造层面现在已经存在了吗？答案是肯定的。为了让我们的世界更美好，现在已经有许许多多的成年人在进行着创造性的、革新性的思考，问题在于整体的平衡性。目前的现状是管理、指令层面的工作大部分还是由人类来完成的，这就导致创造层面的工作占比在整体中来看较小。虽然话是这么说，但假使将现在占据很大比例的管理、指令层面的工作交给人工智能，那么是否真的就能有更多的人类去占据创造层面的位置呢？

这就是留给成年人的重要功课了。为了今后时代的发展，我们应该追求的目标是图 5-3 右侧的状态。也就是说，创造层面目前的"尖角"开始拓展，而管理、指令层面的缺口由人工智能的协同作业来补充。这样一来，为了推动创造层面的"尖角"进一步拓展延伸，仅仅将此重任托付给肩负未来发展的孩子是不可行的，更重要的是现在的成年人要承担起这一"角色"的重任。

也就是说，首先（不仅是孩子）成年人要走进创造层面。绝不能将这一功课完全留给孩子。这就要求成年人必须不断拓展体验与角色的广度，产生新的学识，培养和提升自身的认知能力与非认知能力。将这样的一种姿态展现给孩子的同时，实际也在一点一点地拓展着创造层面的"尖角"。成年人在这一状态下将时代的接力棒传递到下一代的手中。

这是留给我们成年人重要的功课。请现在的成年人团结一致一起来完成这项功课吧!

创造层面

管理、指令层面
现场实践、实际工作层面

与人工智能协同合作下
的管理、指令层面
现场实践、实际工作层面

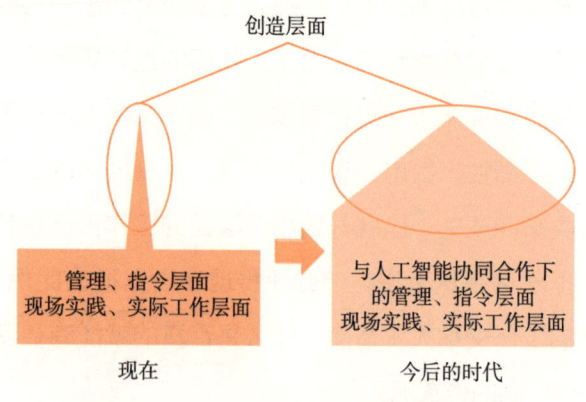

现在　　　　　　　　　今后的时代

图 5-3：为了应对今后时代发展的就业构造

第五章　成年人也需要培养非认知能力！

## 第五章　总结

- 成年人也能够培养并提升自己的非认知能力。为此，就需要拓展和增加自己参加体验的机会，如同孩子放学后和大学生的课外活动一样。同时，还要意识到新的体验和角色要求，进而内化为自己的经验与学识。

- 通过与新的体验和角色要求相遇，能够更清楚地意识到自己应具备的具体的非认知能力，如果能做到这一点也就能够提升自己相应的能力。为此，一种灵活的心态和谦虚的态度就不可或缺。

- 成年人也能够提升广义的认知能力。让我们共同创造非认知能力与认知能力的合力作用（复合效果）吧。为此，在今后的时代里循环教育（成年人的重新学习）将会成为一个有效的方式。

- 成年人的思考方式、言语、行为以及态度都会原封不动地成为孩子十分重要的成长环境。成年人要有一种自觉，那就是要为肩负未来的孩子留下些什么的，但不能将今后的时代完全托付给孩子，首先要共同完成留给成年人的重要功课。

- "如果大人做出改变，那么孩子也会改变！"

# 结　语

2018年是平成最后的一年了。我非常高兴能在这样一个值得纪念的年份里，写下在今后的时代里将会越来越需要的"非认知能力"相关的书。如果这本书能引起更多大人的关注，进而为孩子的学习和成长的环境带来积极影响的话那是再好不过了。

2018年，我的故乡冈山县遭受了史无前例的暴雨灾害。另外，被看成自然灾害水平的酷暑、北海道和大阪的地震、在日本各地张牙舞爪的台风，等等，这一年发生了许多远远超出我们想象的自然灾害。不仅仅是日本，世界各国开始不断出现这样的状况。加上技术上的革新和地球环境的变化，很快我们将迎来"不知道接下来会发生什么的时代"和"接下来发生什么都不会感到意外的时代"。

无论是大人还是孩子都必须在这样的时代里生存下去。为此，非认知能力可以说是一种不可或缺的能力。父母、大人如果当真是为了孩子考虑的话，那么就不能过度重视认知能力的培养，应该倾注更多的精力和心血帮助他们培养非认知能力。

人这一生的成长仿佛就是一种与自己以外的所有人、事、物

# 结 语

（广义上的环境）相遇，产生联系，进而发生化学反应的过程。能够为孩子准备什么样的引起这一化学反应的"环境"，既是我们最大的角色要求也是我们的责任所在。想到这里，"我"作为独立的个体也是一样的，有父母、姐姐、妻子、朋友、前辈、后辈、恩师、学生等，目前为止相遇、相伴的所有人都助力了我的成长，对于这一点我再次有了切实的体会，并心存无尽的感谢与幸福。这也让我想要把这份感谢与幸福的"结"继续编织给我的三个孩子，进而给更多的孩子们。这可能也正是我在写下这本书的过程中对我自己而言最大的收获。

另外，这本书并非以说理纵贯始终，也介绍到了实际已经在行动的成年人的挑战（实践）。那么也借此，向已经开始为今后的时代而挑战的同道中人致以崇高的敬意。同时，我也由衷地希望这样的挑战能够一个接一个地践行下去。

最后，在本书刊发过程中，从开始策划的阶段就受到了东京书籍出版社金井亚由美女士极大的帮助。这次能够与她共同完成这项挑战，也让我再次意识到人与人之间联系的珍贵，因而这也将成为我异常珍贵的经验，再次向她表示感谢。

在未来希望培养孩子的非认知能力不再是特别的语言，而是一种理所当然的事情。我带着这份期待，为这本书画上句号。

2018 年 10 月

中山芳一

# 参考文献

## 第一章　你知道非认知能力吗？

1. [美] 詹姆斯·赫克曼：《幼儿教育的经济学》，[日] 大竹文雄解说，[日] 古草秀子译，东洋经济新报社，2015 年。

2. 日本财团：《家庭经济差异与儿童的认知能力和非认知能力差异的关系分析——由 2.5 万人的大数据得出的结论》，2018 年。

3. [日] 远藤利彦：《与非认知性（社会情绪性）能力的成长与科学性探讨手法相关研究的相关的报告书》收录于国立教育政策研究所《平成 27 年（2015 年）年度项目研究报告书》，2017 年。

4. [日] 中室牧子：《"学力"经济学》发现二十一（Discover 21），2015 年。

5. [日] 中山芳一：《有关教育培养新能力的一项考察——以大学的生涯教育与小学的课后活动为中心》，《大学教育研究纪要（第十期）》，冈山大学 大学教育研究编辑委员会，2014 年。

6. [美] 大卫·卡罗索、[美] 彼得·沙洛维：《情商（EQ）管理》，[日] 渡边彻监译，东洋经济新报社，2004 年。

7. [美] 丹尼尔·戈尔曼《情商（EQ）——心理的智能指数》，[日] 土屋京子译，讲谈社，1996 年。

8. 世界卫生组织编:《世界卫生组织生涯技能教育项目》,[日]川畑彻朗他 监译,大修馆书店,1997年。

9. [日]岸本裕史:《可见的学力与不可见的学力》,大月书店,1981年。

10. [日]松下佳代编著:《"新的能力"会改变教育吗——学习能力·读写能力·计算能力》,密涅瓦书房,2010年。

11. [美]毛瑞斯·J·伊莱亚斯等:《社会性与情感的教育——针对教育者的指导准则39》,[日]小泉令三 编译,北大路书房,1999年。

12. 经济合作开发组织(OECD)编:《社会情绪性技能——面对学习的能力》,倍乐生教育综合研究所策划制作,[日]无藤隆、[日]秋田喜代美 监译,明石书店,2018年。

13. [英]丹尼尔·奈特尔:《将个性变为科学》,[日]竹内和世译,白扬社,2009年。

14. [美]卡罗尔·德韦克:《思维模式——"去做就能做到!"的研究》,[日]今西康子译,卡普思,2016年。

15. [奥]沃尔特·米歇尔:《棉花糖实验——成功的孩子与没成功的孩子》,[日]柴田裕之译,早川书房,2015年。

16. [美]安吉拉·达科沃斯:《毅力——培养决定人生所有成功的"终极能力"》,[日]神崎朗子译,钻石社,2016年。

17. [瑞士]克劳斯·施瓦布:《第四次工业革命——达沃斯论坛预测的未来》,世界经济论坛译,日本经济新闻出版社,2016年。

18. [日]落合阳一:《致创造未来世界的伙伴们》,小学馆,2016年。

19. [日]新井纪子:《AIVS读不了教科书的孩子们》,东洋经济新报社,2018年。

20. [英]琳达·格拉顿、[英]安德鲁·斯科特:《LIFE SHIFT》,[日]池村千秋译,东洋经济新报社,2016年。

21. [美].查尔斯·菲德尔、[美]玛雅·比亚利克、[美]伯尼·特里林:《21世纪的学习者与四个维度的教育——知识、技能、性格以及精神学习》,[日]岸学 监译,北大路书房,2016年。

22. [日]汐见稔幸:《2017年公布:新准则和要领发出的信息——那么接下来不聊聊孩子们的"未来"吗?》,小学馆,2017年。

23. 文部科学省:《有关未来学校的生涯教育和职业教育的应有之义》,《中央教育审议会报告》,文部科学省时报,2011年3月临时增刊号。

## 第二章　孩子的教育和非认知能力

1. [日]中山芳一:《学龄儿童保育实践入门——深入建立联系与内省》,鸭川出版,2012年。

2. 《剧烈变化!孩子的身体与健康》,《PRESIDENT Family 2016年秋季刊》,PRESIDENT杂志社,2016年。

3. [日]中山芳一:《现在,我们在书法中追求的价值是?身体?心灵?力量?(第一章)》,《书法研究志 正笔》,正笔会,2017年8月期。

4. [日]冈本夏木:《语言与成长》,岩波书店,1985年。

5. [日]冈本夏木:《认识与语言的成长心理学》,密涅瓦书房,1988年。

6. [日]鲸冈峻:《所谓人可以理解人:间接主观性与相互主观性》,密涅瓦书房,2006年。

7. [日]鲸冈峻:《孩子在接受教育中成长——思考关系发展的代际间循环》,庆应义塾大学出版会,2011年。

8. [日]中垣启、[日]坂爪一幸、[日]安彦忠彦 编著:《儿童的成长与大脑科学——针对教学大纲开发》,劲草出版社,2012年。

9. ［日］田丸敏高、［日］河崎道夫、［日］滨谷直人 编著：《儿童的成长与学龄儿童保育——儿童理解、游戏、受关注的儿童》，福村出版，2011年。

10. 心理科学研究会 编著：《小学生的生活与心灵的成长》，福村出版社，2009年。

11. ［美］保罗·图赫：《成功的孩子 失败的孩子——是什么决定了"那之后的人生"》，［日］高山真由美译，英治出版社，2013年。

12. ［美］保罗·图赫：《我们能为孩子们做些什么——培养非认知能力，挑战差距》，［日］高山真由美译，英治出版社，2017年。

13. ［日］中间玲子 编著：《自尊感情心理学 加深理解的"使用说明书"》，金子书房，2016年。

14. ［日］诸富祥彦 编著：《培养真正的"自我认同感"的道德课程 小学篇》，明治图书，2011年。

15. ［日］高垣忠一郎：《活着与自我认同感》，新日本出版社，2004年。

## 第三章　非认知能力的发育方式与培养方式

1. ［美］乌尔里希·伯泽尔：《有效学习——改变大脑的使用方法，加深学习的六个步骤》，［日］月谷真纪译，英治出版社，2018年。

2. ［日］那须正裕：《"资质和能力"与学习的机制》，东洋馆出版社，2017年。

3. ［日］内田伸子：《教育孩子上没有"已经晚了"》，富山房国际，2014年。

4. ［日］滨井浩一、［日］芹泽一也：《犯罪不安社会 所有人都是"可疑的人"？》，光文社，2014年。

5. ［日］冈本萤 著，［日］刀根夕子 绘：《岁月的童话 收藏版》，青林堂，2011年。

6. [美]卡洛琳·韦伯斯特·斯特拉顿:《优秀的孩子们——成功的育儿项目》,[日]北村俊则、[日]大桥优纪子、[日]竹形水木、[日]土谷朋子、[日]松长麻美译,星和书店,2014年。

7. [美]皮特·格雷:《游戏是学习中不可或缺的部分——培养独立自主的学习者》,[日]吉田新一郎译,筑地书馆,2018年。

8. [日]的场康子:《小学生度过课后时光的现状与母亲的意识——由小学生的课后生活与教育相关的问卷调查》,《生涯规划报告(186)》,第一生命经济研究所生涯规划研究总部,2008年。

9. [美]罗伯塔·米什尼克·格林科夫、[美]凯西·赫希·帕塞克:《科学告诉我们育儿的成功之道——培养拥有坚强的内心和灵活的大脑的超一流的孩子》,[日]今井睦、[日]市川力译,扶桑社,2017年。

10. [澳]帕特里克·格里芬、[澳]巴里·麦高、[澳]伊斯特·卡尔 编著:《21世纪技能的教学与评价》,[日]三宅直美 监译,[日]望月俊男译,北大路书房,2014年。

11. [美]黛安·哈特:《表现评价入门——来自"真正的评价"理论的提案》,[日]田中耕治 监译,密涅瓦书房,2012年。

12. [新西兰]玛格丽特·卡尔:《在保育的现场评价孩子们的学习——"学习的故事"研究的理论与实践》,[日]大宫勇雄、[日]铃木佐喜子译,日邻书房,2013年。

13. [日]中山芳一:《新时代的学龄儿童保育实践——课后活动的革新》,鸭川出版,2017年。

14. [美]唐纳德·舍恩:《专家的智慧:反思的实践家,边行动边思考》,[日]佐藤学、[日]秋田喜代美译,伊米尔出版社,2001年。

15. [美]唐纳德·舍恩:《何谓反思性教学?专业人士的行为与思考》,[日]柳泽昌一、[日]三轮建二 监译，凤书房，2007年。

16. [日]三宫真智子：《通过精神认知来提升"学习能力"——认知心理学揭示高效的学习方法》，北大路书房，2018年。

17. [日]中山芳一：《沟通实践入门——打磨自己的沟通能力》，鸭川出版社，2015年。

## 第四章　培养非认知能力的实例——大人们的挑战

1. [日]中山芳一：《新时代的学龄儿童保育实践——课后活动的革新》，鸭川出版，2017年。

2. [日]中山芳一：《现在，我们在书法中追求的价值是？身体？心灵？力量？（第一章）》，《书法研究志 正笔》，正笔会，2017年8月期。

## 第五章　成年人也需要培养非认知能力！

1. [日]三浦孝仁、[日]坂入信也、[日]宫道力、[日]中山芳一：《针对大学生的生涯规划——大学生如何生活下去呢？》，鸭川出版社，2013年。

2. [美]卡罗尔·德韦克：《思维模式——"去做就能做到！"的研究》，[日]今西康子译，卡普思，2016年。

3. [美]约翰·克兰波茨、[美]A.S.莱文：《那份幸运并非偶然！》，[日]花田光世、[日]大木纪子、[日]宫地夕纪子译，钻石社，2005年。

4. [日]今井嘉宏、[日]楠见孝 编著：《实践出真知 专家的知性》，有斐阁，2012年。

5. [日]佐伯胖：《所谓"学习"的意义》，岩波书店，1995年。

6. [日]落合阳一：《致创造未来世界的伙伴们》，小学馆，2016年。